東RVパーク
JGTAR BASE
のない町に「ツリーハウス」
デルハウス #01
G-HAUS
G-HAUS
/Sep/11
物見台
巣箱型ライト
(外 木製シーリング ライト)
オリジナル ステンドグラス
珪藻土
カマクラ型ツリーハウス
(ジョリパット)
のぞき穴
※壁材は
藻土か土壁
おります!
秋田・由利本荘
旧鮎川小学校
おもちゃ博物館の
ツリーハウス(案)#

# 我がシゴト、
# ツリーハウスビルダー

木村勝一

かもがわ出版

装幀・本文デザイン：伊勢功治

# はじめに
## ——木の上の秘密基地への誘い

皆さん、最近ワクワクしてますか？

三度の飯より、寝る間も惜しいほどのめり込む楽しいこと、なにかしてますか？　そして夢はなんですか？

ワッタシは木村勝一。ツリーハウスを作ってます。ツリーハウス、見たことありますか？　登ったことは？　ツリーハウスとは木の上の秘密基地のことです。

そんな夢の小屋を、全国のあちこちに作ってきました。

「ワッタシ」というのは、そんな夢を求めてきた自分のこだわりの一人称です。

この本を読んだからって得するわけじゃないです。金儲けの方法も書いてないし、成功の秘訣〇〇の法則みたいな自己啓発本でもない。でも、きっとつまらない日常が楽しくなるよ。元気になるよ。ツリーハウスってそういう建物なんです。

ワッタシはツリーハウスやいろんな彫刻作品を作っているから毎日が楽しくてしょーがない。こんなハッピーなシゴトはないですよ（楽しいことは「仕事」ではなく「シゴト」って勝手に書き表しています）。

いまの世の中、過度にデジタル化されてしまって、なんでもスマホの情報が中心に生活が成り立っちゃって、便利のようで実は自分の行動がガッチリ管理されていますよね。それはかなり危険なことですよね。

そんな世の中だからこそ、自分だけの時間、誰にも邪魔されない私的な空間＝秘密基地や隠れ家が必要なんです。

それが、木の上にあったらなおさら楽しいと思いませんか。

コロナ禍も下火になってきて、世の中はアウトドアブーム、ソロキャンプやサウナブームですが、ブームがくる前から、ワッタシはツリーハウスを20年間コツコツ作ってきました。

本書ではいままでワッタシが作ってきたツリーハウスや代表的な作品を、失敗談やいろいろなエピソードを交えて紹介したいと思います。

こんな世の中だからこそきっと、なにかたくましく生きる術のひとつのヒントにはなると思います。

彫刻家・ツリーハウスビルダー

木村勝一

「かもめのツリーハウス」（かもめ幼稚園）

# 目次

著者

# 1
# ワッタシ紹介

# ツリーハウスは<br>一枚のスケッチから

　ワッタシのツリーハウス作りはいつも一枚のスケッチからはじまります。

　ツリーハウスはまず、木がないと建てられないんです。木にはいろんな種類がある。形も大きさも太さも、立っている場所だってみんな違います。一本一本それぞれに個性があります。

　だからちゃんとした図面がないんです。図面を描いても絶対そのとおりにはいかないんですよ。だからまずは木を選んで、その木に合わせてイメージをふくらましていくんです。

　そのスケッチが一枚あればいいんですよ。

　ところで皆さん、最近絵を描いてますか？　学生さんなら授業で描くこともあると思うけれど、大人のひとは描く機会が減るんじゃないでしょうか。

　ワッタシは大のお絵描き少年でした。図画工作の授業が大好きで、思い出してもワクワクします。

　高校時代はまじめに美大に行こうとしてました。結果としては行かなかったけれど。

　いま、このシゴトをするようになって、いい歳こいてますますお絵描きばかりしております。

木に合わせてどこにどんなふうに小屋を作ろうか、デッキ（※）の高さはどうしようか、階段はどこにつけようか、屋根の形はどうしようか、素材はなにを使おうか、ドアのデザインはどうしようか、窓はどこにつけようか、ここの壁にはステンドグラスを埋め込もうか……。いろいろなアイディアやイメージがつぎつぎに湧いてきます。

それを大まかに描いていく。その過程が楽しいんです。漠然とでいいんです。どうせ現場はアドリブです。作りながらどんどん変わっていくんです。それがツリーハウスの魅力なんです。

ふつうの家やビルならそうはいきませんよね。予算や法律を元にきっちりとした図面があって、決められた工程で、無駄なく工事して、寸分の狂いなく建てられますが、ツリーハウスの場合は真逆なんです。木と語り合いながら、作ってゆく。木や自然とたわむれながら。そこに住むわけでもなく、仕事の場でもない。カッコウつけるわけじゃないけど「『自由』を手に入れるための空間」と言っていいんじゃないかと思います。

皆さんも、もし、少年少女時代に絵画や工作に没頭したことがあったら、そのときのことを思い起こしてみてください。それは貴重な自由と解放の時間だったと思うんだ。ワッタシのツリーハウス作りはその延長線上にあるんです。

空いた時間があったら、ぜひ絵を描いてみてください。最初は小さなイラストでいい。下手でもかまいません。我流でいいんです。自分のために、自分の楽しみのためにスケッチブックになんでも描いてみましょう。

その夢想の時間は、自由をゲットする第一歩。

日常を豊かにできる貴重な時間となります。

ワッタシは今日もせっせとつぎのツリーハウスとシゴトのスケッチを描いてますよ。

※ デッキ……屋上の平らな陸屋根

「かもめのツリーハウス」イメージ画

## 我が職業、「ツリーハウスビルダー」そして「彫刻家」

「このツリーハウス、いくらしますか？」

「う～ん、これくらいなら300万～500万くらいです」

「え、そんなんで建つの⁉」

「はい、もちろん青森価格ですが、東京なら２倍くらいかな」

なんていうのがいつもの調子だけれど、なかなか注文してくれる人はいない。

ふつうの住宅でもないし、キットのガレージでもない。まず木がなければ作れないし、そんな簡単には作れない。それがツリーハウスという特殊な建物。

一般に住宅は、まず住宅会社や工務店が施主さんと契約し、設計士が図面を引き、役所のＯＫをもらい、基礎工事の左官屋さん、柱や建物全体を建てる大工さん、屋根を張る板金屋さん、そのほか、塗装屋・サッシ屋・建具屋・外構屋・庭師さんなどさまざまな業者さんが共同で作業し、一軒の家を建てますよね。

こっちのシゴトは依頼があれば、まず木を見つけます。

その「ホストツリー（※）」を中心に大まかなスケッチを描く。お客さんに見てもらいながらイメージを膨らませ、そこからようやく予算を組んで、材料を発注する。木に合わせ土台を組み（これが大変！）、人や建物が乗るためのウッドデッキを張る。台風や雨や雪に耐える木材や塗装にはこだわる。もちろん、木は常に揺れるからそこも難しい。いろんな強度計算が必要なんです。

そしてハウス部分は夢の空間作り。柱も屋根も外装も内装も、ドアや窓も木とのバランスを見ながらすべて手作り。階段や手すりも安全性とデザインを考えて作ります。高さ２～10メートル、危険をともなうツリーハウスだから当然です。常に木を見て、木と語り合いながら作るのだけれど、それぞれの木の性格や立地条件が違うし、人間と一緒でそのキャラクターに応じて作っていくのが醍醐味でもあるんです。

よく「ツリーハウスの魅力はなんですか？」と聞かれるけれど、一言で言うと“自由”ってことに尽きます。実際に１軒の住宅を建てるにはさまざまな法律や制約をクリアしなきゃならない。数千万円の家も、予算の都合でこうにしかなりませんでした……みたいな家がほとんどだねぇ、失礼だけど。アパートやマンションみたいな賃貸住宅なら仕方ないけれど、夢だったすまいが妥協の末の産物というのは寂しいと思う。

それに反してツリーハウスっていうのは住居とは違うけれど、木の上に夢を実現できる空間なんですよ。小さいけれど自分のイメージで作ることができて家族や仲間とワイワイ楽しめるし、ひとり読書をしたり好きな音楽を聴いたり、リモートで仕事もできれば、カフェにしたっていい。勉強部屋にもなればリラックスもできる万能な秘密基地なんです。なにより木に登り、自然に抱かれること、自分を見つめ直すことができる非日常の極上の空間になるんです。

そしてワッタシは「彫刻家」でもあります。ワッタシが尊敬する芸術家っていうのは、ピカソやゴッホ、セザンヌのようなとびきり美し



右：鉄のツリーハウス「再生の樹」（左奥）と「犬見庵」

い絵を描ける画家、巨大な寺院や教会なんかを造る人、精魂込めてロクロを回し器を生む陶芸家、人生を変えるほどの影響力を持つ文章を書く詩人や小説家、奇抜なストーリーやアイディアを緻密な筆致で描く漫画家……とにかく人に深い感動を与える作家たちなんですが、自分も手間ひまかけてアナログに素材に挑む作家＝「彫刻家」を名乗ることにしたんです。

いままでいろんなモノを作ってきたけれど、ワッタシの得意な素材は特に鉄などの金属と木。それらを使ったオブジェは日本各地、フランスやイギリスにも点在しています。

いろんなタイプのツリーハウスをはじめ、人が登れる展望台がついた高さ６メートルの巨大な鉄の犬「鉄犬」や、その手のひらサイズのかわいい燭台(しょくだい)もあります。そのほか、虎、猫、猪型のオブジェやストーブ、太い丸太をチェーンソーで彫りフクロウ、ウサギ、怪獣ガメラのオブジェも作りました。ニューヨークでは舞台美術、ロンドンでは即興溶接パフォーマンス。オリジナルのストーブやオブジェも得意だし、看板や家具、店舗も数えたらキリがない。最近はハーレーやトラクターのカスタムもやりました。

漫画家ますむらひろしさんが「木村は雑食性の作家だ」とおっしゃったけど、たしかにそうかも知れない。

オンリーワンでほかの人には作れない建造物、ツリーハウスや彫刻作品で人々を喜ばせたりビックリさせたり笑顔にしたりしたい。記憶に残る、なにかしらの感動を提供できるシゴト。それがワッタシ、木村勝一の職業なんです。

※ ホストツリー……ツリーハウスを建てる際、ベースとなる木

# 2 まわり道人生万歳

## 君の好きなことは<br>なんだ？

ワッタシのおふくろは今年（2024年）83歳、いまも現役で会社の経理を手伝ってもらっています。典型的なB型の明るさでワッタシの人生最大のインフルエンサーです。その母親ならではの、アドバイスというか格言みたいな言葉のひとつに「人は最後は自分の一番好きな所に戻ってくるものだ」というのがあります。ワッタシの人生はかなり紆余曲折ありましたが、いまだからこそ、なるほどと思わせてくれるんです。

ワッタシは幼少の頃からとにかく絵を描くことが大好きでした。ひまさえあればそこら辺にある新聞の広告やカレンダーの裏に絵を描いていました。風景だろうが人物だろうが、いろんな動物、車や船、飛行機、UFO、空想した未来の乗り物……ちょうど特撮ヒーローやTVアニメ全盛期で、「仮面ライダー」「サンダーバード」「ガメラ」「ジャイアントロボ」「ウルトラマン」「宇宙戦艦ヤマト」「マジンガーZ」……なんでもマネして描いて、クラスでも評判でよくリクエストされて描いてあげたもんです。授業中もウズウズして勝手に手が動いて教科書やノートがすぐイラストで埋まってしまう。図画工作の時間がなにより好きで小学校から高校までAと5以外取ったことなかった。絵画や習字のコンクールの賞状を集めて喜んでるような少年でした。

なかでも小６の頃の美術の得意な担任の加藤郷子先生との出会いは大きかったです。

卒業制作に大きな鯨の物語の絵をみんなで描くんだけれど、色のぼかし方、にじませ方、立体的な描き方、鯨なら歯の先っぽはあえて黄色を塗ると強く見えるんだとか、いろんな技法＝裏技を手取り足取り教えてくれたのをいまも鮮明に覚えています。加藤先生はさっぱりとした気性で、学校でも評判の腕白小僧だったワッタシの隠れた繊細な内面をよく理解してくださっていた気がする。卒業の思い出にと、当時でも高価な大型のプラモデル（ポルシェ・カレラ）を自腹で買ってきて、みんなで一緒に作らせてくれました。「あそこの模型店は小ぢんまりしていて好きなのよ」なんてレアなことを言って大人扱いされた気分にしてくれました。加藤先生から教わったことはいまだに思い出すし、いまのシゴトにすべて生きています。

高校時代には美術クラブに出入りして石膏（せっこう）のダビデ像なんかクロッキーしていました。美術の先生には美大に行くようにすすめられて、本人も漠然とその気でいたのだけれど、ある事件が起こり進路は変わりました。

高２の夏、演劇部に所属している仲のよい同級生から自主公演のチケットをつき合いで買ったんです。観に行ったんだけど、驚いたね〜！鳥肌が立つというか、血が逆流するような感覚を味わいました。顧問の小寺隆韶（りゅうしょう）先生の指導で、当時母校の八戸（はちのへ）北高校演劇部は全国大会で何度も日本一になっていました。それから迷わず演劇の世界へ。

それから大人になっても続けること約 40 年、さまざまなステージをプロデュースし、野外劇や一人芝居、海外公演などを手がけてきました。

……でも、やればやるほどだんだん消化不良というのか、ワッタシの中になにか納得できないモヤモヤしたものが湧いてきたんです。もちろん、演劇も音楽も舞踊も舞台芸術は人生をかけてやるべき崇高な価値があり、そのカタルシスはほかの芸術にはない圧倒的なものだということは重々わかっているけれど、劇団を旗揚げして 10 周年を節目にふと冷静になりました。自分より何倍も才能も情熱もあって努力している人間が山ほどいるわけで、この道で勝負するのではなく、自分だけのオンリーワンの世界を模索したいと思い始めたんです。そうしているうちにツリーハウスとの出会いがあって、そのときは、長年垂れ込めていた暗雲に一筋の光が差し込んだ気がしました。小学生の頃のあの腕白なお絵描き少年が再び現れた。

「これだ、こんな楽しいコトはない！」ってね。

実のところ、もともとひとりでコツコツなにかを集中して作るのが性に合ってるし、演劇のように多くのキャスト、スタッフと一緒に創る総合芸術には向いていないことに気がつきました。一回性の芸術はそこにいる観客と共有するライブ感が魅力だけれど限界もある。それに対して彫刻や建造物はそれ自体が無限に発信してくれる。ここが、おふくろが言った「自分の一番好きなところ」なのだと。

自分が本当に好きなこと、得意なことってなんだろう？　それは人にはわからない。内なる自分に聞くしかない。

ワッタシは、今日も朝から一生懸命スケッチ描いています。

## まわり道人生、無駄こそ宝

さんざんまわり道をしてきました。カッコ悪いけれど「まわり道人生」と自己紹介してもいいくらい。若い頃はサラリーマン、さまざまな肉体労働、役者をめざしてみたり、ボクサーも経験しました。そのすべてがいまのシゴトの糧となっていると思います。

高校を卒業した木村青年は、とにかく東京に憧れ、夢を抱いて上京した。でも高校演劇に全力投球していて大学の受験勉強はほとんどしてなかったもんだから、とにかく夜間部のある大学を3校だけ受けてなんとか法政大学の経済学部にすべり込みました。

昼は友人の伝手で浅草橋の問屋街にあるハンドバッグの製造・卸の会社の営業をしました。青森の田舎から、親からもらった20万円を持って上京しました。

当時はスマホもないし、東京の右も左もわからない、標準語もままならない田舎者がいきなり営業に配属され、東京タワーのふもとのイトーヨーカドーの本部や東京近郊の大手デパートを担当しました。小さい会社だから引き継ぎも適当だし、プロ野球やマージャン、ゴルフの話は高校を卒業したばかりの自分にはついていけない。大学の夜間部では友だちもできないし、帰宅すれば夜の11時。人生で最もつらく暗い時期でした。

でも、優しい下町の人情に触れることもあったし、上司たちからはよくしてもらったし、サラリーマン生活は貴重な経験でした。そこは女性のバッグの企画と製造をする会社だったから、若手デザイナーやサンプルを作る職人さんとも仲良くなってモノ作りの楽しさを知っていきました。でもやっぱり自分にはサラリーマンは合わなくて、一大決心して２年半で辞めて、運転免許を田舎で取って、すぐ東京に戻って運送屋のバイトを始めました。

一人で、２トントラックで都内をぶっ飛ばし西新宿の会社から築地に行って冷凍食品をルート配達するんだけれど、誰が仕事を終えて最初に会社に戻ってくるかの競争なんです。裏道や近道を使って渋滞をかわして常にアクセル全開。おかげでいまも都内の道はナビなしでもだいたい走れます。皆アクの強い愉快な連中だったなぁ。

その後は４トン車にも乗った。走行距離 30 万キロ超えのオンボロトラックに築地市場の野菜を満載にして、都内と近郊のスーパーに配送しました。週末は 24 時間乗って残業もしました。このとき、東京で肉体労働をして月 30 万稼ぐことのつらさと現実がわかったし、４トントラックの車両感覚が身につきました。これはいまのシゴトの糧となっていて、４トンを運転できればたいがいの荷物は積めるし、広くて寝れられて遠出も楽チン、自社のトラック「フォースケ号」は、いま、ツリーハウスビルダーのワッタシにとって最強の相棒になっています。

そして我が青春のボクシング。この格闘技との出会いがその後のワッタシを変えました。こういうシゴトをするようになって、なおさら思います。

夜間の大学と昼のサラリーマンの両立。バブル絶頂期、渋谷や六本木辺りでチャラチャラ遊んでいる輩（やから）とは真逆の地味な生活。役者への野望はあるが変えられない現実……加えて失恋、友の裏切り、ローン

著者20代

地獄。日々もがき苦しんだ、人生で最も暗黒の時代。

ついに実家に帰り家族に夢を打ち明け、大学もサラリーマンも辞めると宣言したら、祖母に泣かれてサラリーマンはいいからとにかく大学は卒業しろと言われました。それならこの際あこがれのボクシングをやろうと思ったんです。大失恋をしていらだっていたし、なにかに当たりたかったのかもしれません。

２年生の頃、恐る恐る大学のボクシング部の門を叩きました。当時の法政は特待生のエリート選手がいる１部と、大学になってから始めた２部の選手とが仲良く共存しているというめずらしく大変恵まれた環境でした。そのなかに同期で府川直樹というキャプテンがいて、彼が特別に監督に掛け合ってくれて途中入部を認めてもらいました。

練習試合や公式試合にも何度か出場して奮闘、実は一緒に上京していた木村剛という元ボクサーの屈強ないとこが特別レッスンをほどこしてくれたおかげで、初心者ながら自分で言うのもなんだけど結構強かった。日中肉体労働で鍛えているからスタミナもあった。リングで汗を流した部の連中とはみんな仲が良くて 40 年たったいまもつき合っています。おかげでようやく大学生らしい充実感を味わいました。ボクシングには本当に感謝感謝です。

このシゴトは、センスはもちろんだけど体力勝負。ツリーハウス作りというのは楽しいけれど、見かけよりかなり危険でタフな現場です。元ボクサーの根性と体力はそのまま役に立っています。

いまはスマホを開けばなんでも情報が入ります。でもそれだけじゃ仕事や生活はできないんです。やっぱり自分なりの経験に基づいたスキルが一番の頼りになるんです。人生には無駄なことはなにもない。つくづく「まわり道人生」でよかったとワッタシは思っています。

## 芝居のこと

「木村は死んだ、乾杯！」

忘れもしない盟友、三浦哲郎の乾杯の音頭。６年間の東京生活にピリオドを打ち田舎の八戸へ帰ることが決まっての送別会でのことです。

秘かに役者で一旗揚げようとの野望を胸に上京、昼はサラリーマンや肉体労働、夜は大学の夜間部という暗くつらい日々。大いなる夢はあったが、その道にすべてを捨てて踏み込む勇気もなく５年が過ぎた。

でもそんなワッタシを見かねてか、共に上京しすでに東京でプロの俳優として活躍していた友人、三浦の紹介で、最後の１年間は某アングラ劇団に入り活動しました。ほかの劇団も含め４本の舞台を踏むことができた。ところが、やっぱりなにかが違う。都会の芝居は高校のときの、あの血沸き肉躍るような感触はなかったのです。

ワッタシが所属したそこの舞台美術は大がかりで、出演する役者が全員参加で作るし、逆に大道具がやれない役者はいい役がもらえませんでした。短い時間だったけれどいろいろ勉強になった。しかしそこにいていくら下積みをしても、ワッタシには絶対世に出られるチャンスはこないだろうと思ってしまいました。二十歳（はたち）そこそこの若僧はベテランの役者と舞台の仕込みをしていても経験も技術も追いつかない。頭ごなしに命令されても動けない自分がいました。だからやっぱり、田舎に帰って一から出直そうと思ったのでした。

八戸に帰って、家業の米屋を手伝いながら東京の芝居仲間と劇集団を旗揚げすることにしました。尻尾丸めて田舎へ逃げたのではない。田舎から発信だという気持ちは持ち続けたよ。それはいまも変わってはいません。

愛すべき、素晴らしい仲間たちは本当によくつき合ってくれました。神社境内に特設ステージを組んだ野外劇、一人芝居、ニューヨークのブロードウェイで初の海外公演、ロンドンでは溶接のパフォーマンス……我ながらよくやりました。

その後は八戸の柾谷(まさや)伸夫先生という演劇人の方に声をかけてもらいました。２人で始めたプロデュース公演は先生のおかげで毎回盛況です。ワッタシの作る舞台美術は、素材に鉄も木も壁材や紙もなんでも使うからほかにない迫力があると自負しています。

実は「木村は死んだ！」と言った三浦は一緒に劇団を立ち上げた仲間です。プロの演出家であり俳優である彼がいてくれたから、挫折してもまた立ち上がれました。

ＮＹ公演稽古風景（1999年）

## ＮＹ公演の資金づくりが彫刻稼業のはじまり

夢破れて田舎へ帰り、それでも負けん気の強いワッタシはいつかは海外公演を、それもニューヨークのブロードウェイでやろうと野心を抱いていました。いまから思うと身のほど知らずの無謀な計画ですが。東京の有名な劇団だってそう簡単にはできないし、当時は歌舞伎だってまだやってなかった。それをこっちは東北のはずれからなんのコネもない無名の輩（やから）が妄想してるんだから。

とにかく役者の端くれなら、いつかはブロードウェイでと意気込んでいました。「ハリウッドの映画スターだって、まずはその舞台を踏んでキャリアを積んでいるんだ」という青白い炎を燃やしていた。まだ30代前半の頃。正に若気の至りです。

でもそういう夢を心許した同志に打ち明けていると、そのイメージはちゃんと現実になっていきました。東京の役者仲間に大門賢二（大ちゃん）という俳優がいて、彼はジャパン・アクション・クラブ出身で殺陣師（たてし）でもありました。その大ちゃんにタイミングよくＴＶ番組のドキュメンタリーの役がついてニューヨークロケに行くことになったとき、そこのコネを使ってなんとか劇場を押さえてもらったんです。いまのようにスマホもＳＮＳもなかった時代だから細かいやり取りは国際電話とFAXでした。

さて、後は資金作りです。渡米のための旅費や劇場の使用料、製作費……問題は山積みなんだけれど、とりあえずはじめたのは某ハンバーガーチェーン店の深夜のメンテナンスのアルバイト。「メンテナンス」ってなにかと思ったら、フライヤーの油の交換やホールのテーブル、床、トイレの掃除、庭の草むしりといった雑用でした。夜12時から朝4時までの、睡眠時間を削るハードな仕事でした。週5日出勤して月5万円くらいにしかならない。そしてそのうちに20代のバイトの若者たちと仲良くなり、週末飲みに出て年長のワッタシがおごってやったりするとなにも残らなかった。これじゃ意味がないし金も貯まらない。なにかコトを興すには絶対まとまった金が必要になる。バイトではなくて手に職をつけなければならんと真剣に考えました。それがいまのシゴトにつながっていくんです。

ニューヨーク公演は大成功でした。初の海外公演でいくつもの困難なハードルがあったけれど、そのたびに役者仲間の総力を結集してひとつひとつ乗り越えました。現地の新聞に載ったりタイムズスクエア前や飲食店に飛び込みでチラシまいたりして観客はよく集まりました。

オフ・オフ・ブロードウェイの小劇場で無名の日本の劇団が公演して3日間で100人を超えました。小屋主もビックリして、ニューヨークで売ってやろうかとも言ってくれた。

ワッタシが脚本を書き主役の坂本龍馬を演じたその芝居は、字幕ナシのバイリンガルのストレート芝居、チャンバラあり日本舞踊ありの幕末青春活劇。ラストシーンでは「ブラボー！」「ビューティフル！」と大絶賛を浴びました。

そして、帰国後は、ニューヨーク公演でも記録映像を手弁当で撮ってくれた砂庭良雄（ドラさん）さんに弟子入りすることにしました。

ドラさんは八戸でも有名なプロのクラフト職人で、銀や革などの手工芸の第一人者。彼のアトリエに入り、東北の田舎町にこんな自由で

1999 年 NY 公演「龍馬昇天」の DVD

NY公演資料

アナーキーな場所があるんだと、カルチャーショックを受けました。ドラさんはアウトローの匂いのする若い才能をプロデュースして育てることを大の喜びとしている優しくて親分肌の人だから、作家としての心得から銀革細工のいろはをすべて教えてくれました。昼の家業を終えて夕方からドラさんのアトリエへ毎晩のように通い習いながら、もらった大量の仕事をコツコツとこなした。もともとがお絵描き少年、図画工作大好き人間だから、流れ作業的なバイトと違って楽しくてしょうがないし、大好きな師匠ドラさんのレッスンで技術はすぐ身につきました。

　師匠と一緒に稼いだ金で、鉄を切るプラズマカッターという特殊な工具を購入し、そのおかげで、ハンドクラフトと平行して大型のオブジェや建物も我流ながら作れるようになりました。

　ニューヨーク公演という途方もない夢の実現の先にいまのシゴトが待っていた。いつかニューヨークにツリーハウスを建ててやろうと思ってます。夢は持ち続けているかぎり、必ず実現するんだからね。

# 3
# ツリーハウスものがたり

## アトリエはセルフビルドで。<br>オブジェ工場 SLOW BASE 誕生！

最近は新型コロナの影響で空前のアウトドアブーム。それにＤＩＹや日曜大工も大人気です。ホームセンターには手軽に買える工具や豊富な資材で溢れている。ワッタシも子どもの頃から手作りや工作が大好きだったし、育ったのは東北の田舎、周りのほとんどは農家や町工場。特に八戸は製紙工場や鉄工関係の大型工場が多い。「セルフビルド」なんてカッコいい呼び名がない頃から、身のまわりには自分で建てた農作業小屋や、バイクやクルマ用のガレージがあちこちにあって当たり前の風景でした。「男子は大工仕事ができるのは最低限の嗜み」という気風のなかで育ちました。

そして成人すると親類の家の建前にはその家を代表して手伝いにいかされて、足場無しで屋根に登って屋根板を釘打ちさせられて、昼間から祝い酒飲まされたりってこともありました。

そういう環境にいたもんだから、自分のガレージは持って当たり前だったし、早く欲しかったんです。最初は自宅の脇の倉庫兼物置に工具を持ち込んでシゴトをしていたけれど、早朝や夜の騒音はさすがに近所に迷惑がかかるので、実家から少し離れた森の造成地を家族から借りて、そこに作業場を建てることにしました。

青森には牧場があちこちにあって、牛の飼葉の干草を貯蔵する大型ドームがあるんだけれど、なかでも飛行機の格納庫みたいにカッコイイのがあるんです。そういうイメージにしたくて業者に見積りを取ったらとても高額で、手が出なくて自分で建てることにしました。

最初は 100 円ショップのバルサ板と竹ヒゴでスケールモデルを作ってだいたいのフォルムを出しておいて、実寸を測って床にアーチをチョークで書いてそれを元に１セットのフレームを作って、それを 20 セット組みました。素材は木。鉄で作ろうかとも思ったけれど、予算と手間を考えて結局丈夫な岩手産のカラマツを入手して加工し、ボルト締めにしました。基礎工事だけは近所の土建屋さんに頼んで、あとはクレーンで吊ってウチのスタッフだけで建てました。

間口６メートル、高さ５メートル、長さ 20 メートルとかなりの大きな木造のカマボコドーム型。ケヤキの古い梁が手に入ったのでそれを入口の庇にして、扉は船の真鍮の丸窓をつけた大型の引き戸。かなりの重量なので吊り戸にしました。すべて手作りのオリジナルです。夜間の仕事中光が外に漏れる発行体のようなオシャレなアトリエにしたかったので、あえて透明なポリカ波板（※）を張った。木造の大型ドーム型というのは世の中でもめずらしいと思います。建ててからもう 19 年たって（2024 年現在）、その間に起きた東日本大震災や台風にもビクともしませんでした。そのなかに 200 ボルトの三相電源を引いて溶接機やプラズマカッターなどの鉄工用と木工用の万能機等の工具を分けて接地しました。

１ヶ月くらいで完成したけれど、そりゃ～うれしかったです。夢の工場、憧れのアトリエが建ったんだ‼

でもその後予想もしないアクシデントが起こりました。なんとそのアトリエに違法建築という嫌疑がかかって役所ともめるんです。こっちは税金を払っている自分ちの土地に建ててるのになにが悪い？　向こうは大き過ぎる（10 平方メートル以上の建物は建築確認が必要）加えて木造の大型ドームは前例がないというんです。ワッタシも血気盛んだったし、必死だから納得いかないと大声で怒鳴るし、部署の一番偉い人が出てきて、

「木村さん、別室で相談しましょう」と。役所も困ったろうね〜。なんだかんだ半年ももめて、結局は一級建築士に頼んで是正計画書を作って、農業用ハウスということで手打ちということになりました。屋根を全部剝がして農業用ビニールに交換、庇も撤去、アスファルトも切って土を４トントラック４台分入れてトマトやキュウリを植えた。役所の検査が無事終わり基準を全部クリアして、OKが出たときに役所の担当者が「実は私、木村さんを応援してたんですよ」と言うもんだからガックリ。そんな無駄なことしてようやくアトリエが建ち、建築基準法という面倒な法律があるってことを初めて知りました。それが後のツリーハウス作りにもつながるんだけれど、痛い目に遭っていろいろ勉強になりました。

さらに後日談があります。親父はかなりしつけに厳しい体罰なんて当たり前の昭和の人間で、野球漫画「巨人の星」の星一徹みたいな頑固な男だったけれど、建築課ともめているとき、息子には内緒で嘆願に行ってたんです。交通事故で片足を失って義足だった親父が、松葉杖で階段を登って２階の課の部長さんに会って「息子の夢をかなえてくださいませんか？」と……。その後、脳梗塞で倒れて、部長さんも自分たちのせいではないかってさすがにこたえたらしいです。面倒な法律のせいであって、担当者は悪くないんだけれど。

そういうワッタシの夢とたくさんの人間の想(おも)いや苦労が詰まったアトリエが建って、身内やスタッフを集めて盛大に地鎮祭もやりました。そして、そこを「オブジェ工場 SLOW BASE」と命名しました。2005年の春のことでした。

※ ポリカ波版……正式には「ポリカーボネート」。透明で衝撃に強く、ウッドデッキやカーポートの屋根などに使用する

「オブジェ工場SLOW BASE」アトリエファサード

木造ドームアトリエ建設中（2005年）

アトリエ模型

## 弘法は
## 筆を選んだはず⁉

長年モノ作りやっててわかってきたことは道具の大切さです。大工だろうが、鉄工所、画家、書家、彫刻家、音楽家、バイオリニストに至ってはストラディバリウスという2～3億から10億円以上するバイオリンを使うってんだから呆れるけれど、ワッタシも道具にはかなりこだわってるし、金も使ってきました。億はいかないにしても数えたら数千万円は超えるかもしれません。ツリーハウスは一般の建築と違って、とにかくホストツリーに合わせて造形していくというなかなか難しい技術が必要なわけで、強度とデザインとを同時に考えながら精密な作業を足場の悪い所でアドリブでやらなきゃならないんですが、そこが一番の腕の見せどころでツリーハウスの醍醐味なんですよね。丸ノコやディスクグラインダーやチェーンソーなんかは、すべてコードレスのバッテリー式にしています。高い所で繊細なシゴトをするにはコードは邪魔だし危険だから。そして36ボルトのバッテリーを使用。現在の電気工具の中では最強のパワーで長持ちなんです。

やりはじめた頃は金もないし、趣味と実益を兼ねてって感じだったから、親父が集めていた古い工具を拝借したり、ホームセンターで安売りしている特価品で作っていたんだけれど、だんだんキャリアを積んでプロとしてのシゴトのクオリティを求められてくるにしたがって、道具もそれに応じて良い物、丈夫で長持ちする一流のメーカー品になっていきました。高い工具は壊れにくいから、すぐオシャカになるバッタ品を買うより結果的にコストパフォーマンスがいいし、壊れてもメーカーの修理が効きます。なにより大切に使って愛情も湧くし、モノには魂があるから必ず応えてくれるものだと思っています。

ナイフをはじめ、ノミや彫刻刀、木を削るナタや手斧（チョーナ）を何丁も用意しているし、手入れは怠りません。大昔の大工が使っていた前手斧（マエチョーナ）って特殊な道具を使っている人は日本にいま何人いるんだろう。ワッタシは丸太をそれで削って手斧目（チョーナメ）（※）をつけて素朴でワイルドな味を出すしそれに時間かけるんだけれど、先が丸いヤツは特に入手困難なので、京都の大尊敬する木工家で庭師の山本高司さんにオーダーして新潟の鍛冶屋で作ってもらった特注品を使っています。ハンマーも用途に応じて自作し、斧の柄も自分の手に合わせて作るかカスタムしています。

そして、いまのSLOW BASEがあるのは、鉄を自在に切断する機械、プラズマカッターのおかげと言っても過言ではありません。もともとシルバーやレザーの工芸品を師匠ドラさんの元でやっていたワッタシだけど、八戸の隣町の十和田（とわだ）市にBAR K's という老舗のバーがあって、そのバーの周年記念品のキーホルダーを大量にオーダーされたことをきっかけに、せっかくだから大きな工具を買おうということになり、迷わずプラズマカッターを中古で購入したんです。アクセサリー以外の大物というといままで木製の看板くらいだったけれど、この機械のおかげで自由に木と鉄の素材を両方使えるようになって、用途は広がりました。

「弘法は筆を選ばず」と言うけれど、それは弘法さんくらいの書家はふだんは良質な筆を使って書いていて、たまたま頼まれて低グレードな筆を用いたけど素晴らしい書を書いたということだと思います。ワッタシも現場によって仕方なく安物を使うこともあるけれど、いつも最高の道具でできるだけ最高のシゴトをしていきたいと思っています。弘法さんだって絶対そうなんだよ。

※ 手斧目（チョーナメ）……手斧で削ったあと、刃のあと、叩くように削った波形の削り面。「撲（なぐ）り目（め）」ともいう

カスタム溶接機

マエチョーナ
前手斧

## ツリーハウスってなんだ？<br>一冊の本との出会い

インターネット全盛の時代です。話題はＴＶより YouTube やＳＮＳになり、スマホやパソコンがあればどんな情報も手に入る。便利な世の中になったものだけれど、本というのはやはりすごいと思うんです。紙と活字の説得力っていうのはいまも絶大で、本はなくてはならない媒体です。一冊の本、一篇の小説や詩、一枚の写真や絵……それは人生を変える力があると思います。

ワッタシも幼い頃からいろいろな本を読んできました。日本の昔話にはじまり『イソップ物語』『グリム童話』。いまも『約束を守ったインディアン』『ちびくろさんぼ』『海底二万里』『ジョン万次郎漂流記』など、子ども心に訴えて冒険心をかき立てる本は忘れられません。

大人になって社会に出るとさまざまな問題や乗り越えなければならない現実の壁にぶち当たるものだから、そのときに参考にしたり発奮材料にするために哲学書や自己啓発本を手にすることが増えました。世の中、過度な情報社会になり、アルゴリズム最優先になるほど、人は精神的に追いつめられるから、多種多様な生き方の本が増えるのは当然だと思うし、問題解決の手がかりになる自分に合った本はやはり必要なんですね。参考になる哲学書や尊敬する美術家の本は常に持ち歩いています。



右：「空中浜小屋」

さて紆余曲折の末、苦労して念願のアトリエを持ち、いよいよ本腰を入れモノ作りに没頭しはじめた頃、近所に住んでいる仲のいい幼なじみの石田誠君がいて遊びにくるようになりました。彼はモノ作りに興味があってしょっちゅう遊びにきていた。

あるとき、共通の友人戸川拓馬君の店でアウトドアショップ「リバーランズ」が開店したので２人で行き、ワッタシはその本と出会ったのです。

ツリーハウスを特集した「ツリーハウスブック」というその雑誌は、数少ない日本各地や世界中に点在する樹上の小屋を紹介していました。いままでツリーハウスという名前は聞いたことはあったけれど、もちろん実物は見たことがありませんでした。映画やアニメに登場するそれがまさか実在しているとは……。「なんだこれは⁉」と衝撃を受けたのです。

石田君と戸川君と３人で読み出して、こんなおもしろい建物だったら俺たちも作ってみようということになりました。大人の秘密基地、３人のクラブハウスを建てようという話は盛り上がり、その１週間後にはもう取りかかっていました。ワッタシはもうその頃には店舗なども作っていたので大工道具はそろっていました。

アトリエの脇に家族所有の森林が 15 アール、約 450 坪あるからそこにさっそく建てようということになった。３人のオッサンはアメリカ映画「スタンド・バイ・ミー」さながらの少年の気持ちになりました。作り方はその本に簡単についていたけれど、もうほとんど我流。やっているうちになんとかなるだろうと。生まれて初めてのツリーハウス、寝ても醒めてもワクワクして頭がいっぱいでした。ワッタシは廃材や使えそうな窓なんかを集めて、石田君はパソコンを使って簡単な図面を引いて、戸川君はいろんな資料を持ってきて美味しいコーヒーを淹れる。ワイワイ大騒ぎしながらいろんなアイディアや構想がつぎつぎと湧きました。

１棟目は 18 年経ったいまもしっかり現存していて、いま見ても３人の夢が詰まっている。それは古くなっても特別に輝いています。

一冊の本との出会い。本との縁で人生が変わることってあると思います。ワッタシはあの雑誌のおかげでその後の人生が変わった。出会いから 20 年。まさかその後、プロのツリーハウスビルダーとして生きていくことになるとは！

## 3年間で一気に7棟！

夢の木の上の秘密基地は、大人になった少年が3人でたったの2週間で完成させました。

それで調子に乗ったワッタシはその横にもう1棟ツリーハウスを建てることにしました。というのも1棟目の「空中浜小屋」ができて、さっそく完成祝いをしようと酒盛りをして泊まってみたんだけれど、極寒の2月、もうそれはそれは寒かったんです。

初めて挑戦したツリーハウスだし、早く建ててみたくてデザイン性重視で居住性をあまり考えていませんでした。内装に断熱材も入れてなかった。

そこで2棟目は冬も快適なツリーハウスにすることにしました。イメージは「カマクラ」。モロッコやギリシアのサントリーニ島、ミコノス島の漆喰（しっくい）建築が好きなので、下地を板でドーム型にしてコンパネを張ってから左官で純白の塗り壁にしました。今度はもちろん壁と床にしっかり断熱材を入れた。屋根部分には光が漏れるようにステンドグラスをはめました。

こうして冬も暖かい「カマクラツリーハウス」が完成。真冬に4、5人で宴会するとコタツだけで汗が出るくらいの暖かさになりました。



右：「空中茶屋」

３棟目はその隣に櫓を建てることにしました。いままでは３～５本くらいの木を利用して作っていたけれど、櫓なので１本の太いアカマツの高さ４メートルほどのところに３畳ほどの円形のデッキを作って展望台にしました。

２メートルくらい離れた隣の木に角材にワイヤーを通して吊り橋も渡しました。木こりが使う木登り用の特殊なワイヤーを借りてよじ登って作業したのは、さすがに怖かったです。材料と工具で両手がふさがり、シンシンと降る雪を顔で受け止めながら、「自分はいったいなにをやっているんだろう？」と思うこともあったけれど、とにかく夢中で作った。櫓のてっぺんには大きな鳥小屋を作って設置して「鳥のツリーハウス」と名づけました。鳥も入ったけれど、後でムササビが住みつくようになりました。

４メートルの高さから見下ろすツリーハウスは壮快です。常に木は回転するように揺れるし、吊り橋を渡るスリルも格別ですよ。

４棟目は木の上で風呂に入りたいという新たな願望を実現させました。桶屋さんに大人が３人入れる直径１メートルの大型のヒバの風呂桶を特注しました。それを４メートルの木の上に設置して、湯はドラム缶で沸かして水中ポンプで汲み上げることに。この「空中露天風呂」は大好評で、全国から、そして海外からも老若男女いろんなお客さんが入って喜んでもらえました。そりゃ木の上で風呂に入れるんだからテンション上がるよね！

５棟目はアウトドアショップの戸川君が企画したツリーハウス作りのイベントで、ＤＩＹに興味のある人たちが集まって楽しみながら作りました。

左：「鳥のツリーハウス」

まず低くて広いデッキをみんなで作り、その上に可愛い小さなカフェを乗せました。その「空中カフェ」をメイン会場にして年４回の「森のてづくり市」というイベントを何年かやったのもいい思い出です。

手作りのクラフトや料理の持ち込み出店者を募って、デッキのステージでジャズや和太鼓、居合や空手、日本舞踊などの野外ライブが催されました。

最近では地域の子どもたちを呼んで流しそうめんやスイカ割り、夜は影絵芝居の公演もしています。森の中、そしてツリーハウスのあるロケーションはほかにはない異空間だから毎回大盛況です。

６棟目は地上６メートルの茶室。ほかのツリーハウスはだいたい２週間〜１ヶ月あれば完成したけれど、この木の上の茶室は約３ヶ月、たっぷり時間がかかりました。お世話になっている解体屋さんから貴重な古材を選んでもらってきて、栗などの高級な木材も使用して組み

「天空の繭」

左：「カマクラ」

上げました。

１段目と２段目のデッキを作り、そこからさらにホストツリーのクルミと杉の大木の６メートルの高さにデッキを渡し、茶室を作りました。外壁と内壁には京都の土壁を塗り、手摺りは竹を加工し、扉のにじり口は上にスライドするように。ぜいたくにも竹と空を模したオリジナルの大型ステンドグラスが南側の壁にはめ込まれ異空間を演出。床はちゃんと炉を切って湯を沸かせます。

ケヤキの木で床の間も作り、その横に忍者屋敷のような回転扉をつけ、その奥に一畳ほどの隠し部屋を。秘密の書斎兼バーカウンターです。縄ばしごでロフトに登れるカラクリもついています。手間ひまかけて作った「空中茶室」に登るとみんな驚いてくれました（茶の湯の革命児・千利休が生きてたら、絶対喜んでくれたはず！）。

７棟目はこれまでいろいろ作ってきたなかでも一番特殊なツリーハウスです。前々から構想していたんだけれど、現実味がないのでふんぎりがつかずにいたところに、高校の演劇部の先輩が地元の新聞記者で、ツリーハウスの特集を企画している、ついては新作の計画はあるか、と声をかけてくれました。じゃ、やりましょう、と半ば強制的なかたちで、たった２週間の突貫工事で制作したものです。

ツリーハウスは通常、木の上に設えられるんですが、これはUFOのように宙に浮かせることにしました。

まず、鉄で円筒形のフレームを溶接して作り、その上にベニヤ板を曲げて固定し、防水型の白い壁材を厚く塗りました。壁には100円ショップの色つき灰皿をランダムに埋め込み、光が漏れるようにしました。

この直径1.5メートル、長さ5メートルの巨大な円筒形の物体を、知り合いの業者に頼んで大型パワーショベルで運んで４メートルの高さにまで持ち上げた後に、太いワイヤーで四方の杉の木に固定しました。左右に２本のワイヤーをつけて振れ止めをしました。このワイヤーは高圧線に使用されているもので、１本で２トンの荷重に耐えられる丈夫なものです。

四方の水平を取り、無事に木にぶら下がり、宙に浮いたときの感動はいまも忘れられません。

まるでゴジラの映画に出てくるモスラの幼虫が棲(す)んでいるようなイメージなので「天空の繭」と名づけました。

いったい誰が最初に中に入るんだ、ということになり、結局代表のワッタシが恐る恐るはしごで登りました。歩くたびに揺れますが、白い壁に寄りかかり足を伸ばすと大人５人は楽にくつろげます。

ワイヤーが切れて落下していないかと、１週間毎朝確認したものですが、15年たったいまも無事に森の中で浮遊して訪問者を驚かせ、楽しませております。

こうやって１棟目から７棟目までいろんな意匠とアイディアを凝らしたツリーハウスを３年がかりで一気に建てました。我ながらよくやったと思います。いままでいろんなモノを作ってきたけど、こんなに集中して短期間で大量に建物を建てたことはありませんでした。

ツリーハウスは不思議な魅力があるんですね。森の中というのは無限にイメージが湧くのかも知れない。太古の昔から人間は森で暮らしてきたからなのか？　木や自然に抱かれていると精神が純化するからなのか？　難しいことは学者や専門家にまかせるとして、とにかくワッタシにはツリーハウス作りが一番性に合ったということはたしかです。

３年たったらアトリエ脇の裏山にツリーハウスが７棟になっていました。

# 震災が作った<br>2つのツリーハウス

東日本大震災からもう13年経ちました（2024年現在）。

ワッタシのいる八戸市は三陸のリアス式海岸の北の端に位置し、その津波の被害は甚大でした。死者や行方不明者の数は福島、宮城、岩手より少なかったけれど、岸壁には累々と魚船が座礁し、沿岸の民家や工業地帯はあらかた浸水して、全壊したところもありました。車も無残な姿であちこちで折り重なってスクラップになりました。映画の「ダイハード」を観ているような錯覚に陥ったのをいまも鮮明に覚えています。

ワッタシの実家も太平洋に近い川っぺりだから、逆流して土手を乗り越えた海水で浸水して大変な目に遭いました。工場は停電して大型シャッターが開かないので手動で開閉したり、浸水した水や土砂をポンプで汲み上げたり、近所の被災した家屋の復旧ボランティアの労力といったら思い出したくもないくらいです。

でも、震災の直後はアトリエのある森は海岸から離れた高台にあるから隣接しているカフェに避難できました。ほかの何組かの家族も数日泊まりにきました。電気はなくても薪とストーブと井戸の水があったのでみんな助かったんです。いままでつぎつぎとツリーハウスを作り、おしゃれなカフェをやっていても懐疑的だった家族たちにはじめてほめられました、「SLOW BASEがあってよかった」って。



右：鉄のツリーハウス「再生の樹」

#01

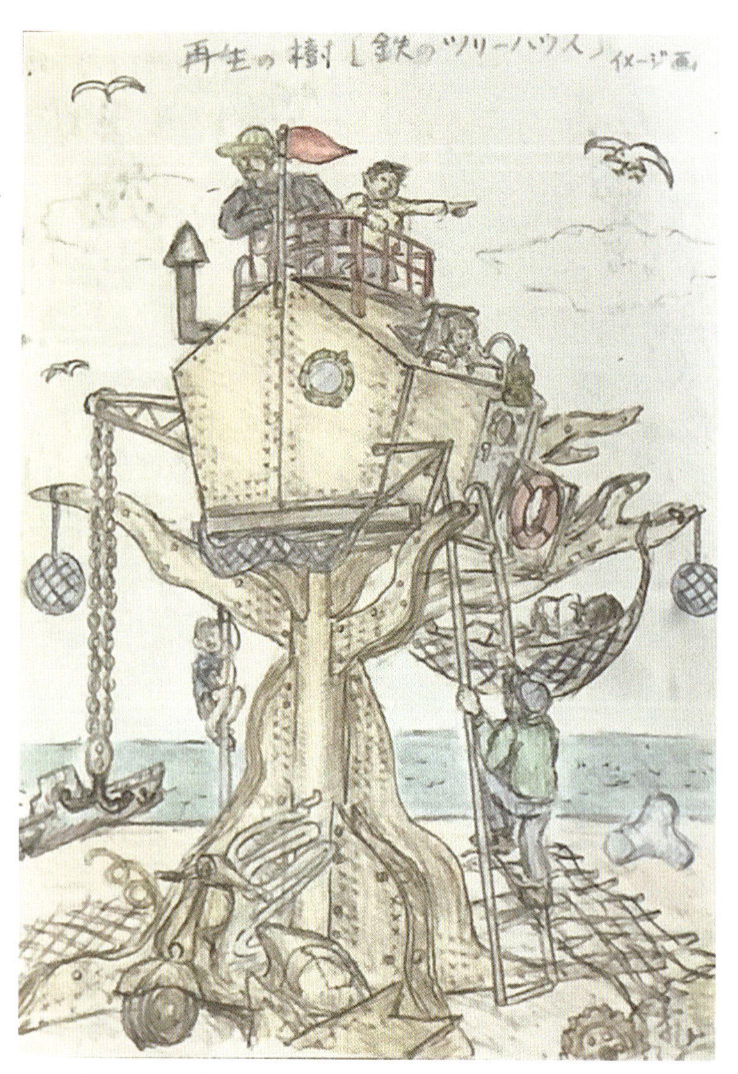


「再生の樹」のイメージ画

八戸は人的被害はほとんどなかったけれど、東北の太平洋側の被害は甚大だったので、自分なりになにか役に立てることはないかと漠然と考えていました。もちろん著名人のように莫大な義援金とかは出せないけれど……。

そこで考えたのが、出前のツリーハウスでした。被災地の仮設住宅にツリーハウスを持っていって子どもたちに喜んでもらおうと。現地には条件のいいホストツリーはないだろうから、自立できるようにすべて鉄で作ることにしました。「頑丈で津波に負けないツリーハウス」というイメージです。

八戸の大手の建材会社も被災して、海水を浴びて売り物にならなくなった鉄板が大量に出て半額で売ってくれたので、それをまた大量に仕入れて使用することにしました。

鉄の円柱をベースにして木に模した根や枝を四方に生やして、その上にデッキを乗せました。すべて現地でボルトで組み立てられるように工夫しました。その上に大人なら2、3人、子どもなら4、5人くらいは入れる茶室サイズのハウス部分は溶接して頑丈に作りました。スライドドアと船の丸窓もつけて、三角屋根の一部は跳ね上げ式にして、その上に部屋からはしごで登れる小さな展望台もつけて。暖も取れるよう、猪型の小型ストーブ「ウリウリ君」を設置、煙突もつけました。

この復興の祈りを込めたツリーハウスの名前は「再生の樹」。

被災地から被災地へ、「出前ツリーハウス」イベントを気仙沼市水梨地区の仮設住宅で催したのは、震災の翌年の冬でした。

前もって地区の会長さんとお会いして設置場所やイベントの内容を

打ち合わせしてからボランティアスタッフが八戸と東京から気仙沼へ。「再生の樹」は４トントラックに分解して運搬し現地で組み立てます。最初は塩水で赤黒く錆(さ)びた奇怪な物体を広場で組み上げてなにをしてるんだと、けげんな顔をしていた住民の皆さんも、完成したツリーハウスを見たら笑顔になってくれました。

イベント前夜祭は、ニューヨーク公演で知り合った音楽家加藤文生(ふみお)さんのピアノ演奏。キャンドルをたくさん灯(とも)しました。粉雪の中、演奏に合わせてお年寄りたちが童謡を合唱してくれて喜んでくれました。

つぎの日は、柾谷伸夫先生の南部弁の昔語や日本舞踊の公演を。もちつきや炊き出しをして盛り上げました。

そしてツリーハウスはやっぱり子どもたちに大人気。錆びた鉄でゴツいんだけれど、子どもの冒険心はたくましい。親や身内を亡くした子どもも多数いたけれど、笑顔を見せて無邪気に遊んでくれました。「いつか今度は、こちらから八戸の方を見舞って恩返ししたい」と言ってくれるけなげな子もいて涙が出ました。

ツリーハウスが少しは役に立ってホッとしました。自己満足なんだけど、微力は無力じゃないと、こちらの気持ちが通じた実感がありました。

その後、地元八戸でも復興イベントがあって、やっぱりこのツリーハウスは好評でしたね。

今年は能登半島地震が起きました。復興にはそうとうの時間がかかるでしょう。どこかのタイミングでこのツリーハウスを出前して、被災した皆さんに笑顔を届けたいと思っています。

そしてもうひとつ、震災がきっかけで作ったツリーハウスがあります。

地元八戸にある浜市川保育園はワッタシの生まれた町内にあり、ワッタシはそこの第１期卒園の園児でした。

この保育園も太平洋の河口に近く、津波の被災でほぼ全壊しました。その無残な光景と、それでもめげずに復旧のために尽力された、石田良二園長と保育士の方々、地域の皆さんの献身的な姿は忘れられません。

その石田園長から「園庭にツリーハウスを作ってほしい」との依頼がきたのです。世界各国、日本全国から集まった義援金で子どもたちを喜ばせてほしいと。石田園長は、子ども神輿（みこし）を作ったり、園庭に汽車や踏切を設置するようなユニークな先生ですので、ワッタシもワクワクしてすぐに引き受けました。

丸１年かけて制作しました。木は京都の北山杉をふんだんに。この北山杉は「台杉」とも呼ばれ、たいへん丈夫で貴重な縁起のよい高級木材です。京都の庭師山本高司さんの好意で北山杉と一緒にムクの大木も譲ってもらいました。その木の芯は空洞になっていたので、屋根をつけ、窓をくりぬいて利用しました。

ハウスの壁には土壁を塗り、園児たちの手形をつけて、地元の海岸で採れる北寄貝の貝ガラを貼りました。デッキ材には最高の強度をほこるクリ材を使用して、物置として使っている10メートルくらいの長いコンテナにスロープも乗せました。このスロープの先にはベルを設（しつら）えたので、園児たちが毎日のように嬉々（きき）として鳴らしています。ツリーハウスの屋根の上には櫓（やぐら）もつけました。ここから川と海を望めます。旗を揚げるポールもつけました。

このツリーハウスには、震災からたくましく復興し、輝かしい未来へ立ち向かってほしいという願いを込めて「未来の樹」と命名しました。

震災によってできた２つのツリーハウスは過酷でつらい思いをした

「未来の樹」（浜市川保育園）

「未来の樹」のスロープ

子どもたちや大人たちを少しでも笑顔にしたい、勇気づけたいという想いを込めて作りました。ツリーハウスはそれを、無言だけど、雄弁に伝えたと思います。

人の心に灯を点すことができるのもツリーハウスの大きな魅力なんだと感じました。

社会貢献なんておこがましいけれど、無理をしても自分の心に正直になって懸命に作ってよかったとあらためて実感しています。

## アイアン LOVE ！
## ワッタシは鉄の彫刻家だ。

何度も言うけれど、ツリーハウスは楽しい。これからも一生作り続ける建造物であり、重要な我が彫刻作品です。

でも鉄のモノ作りも格別です。その魅力にとりつかれてどれくらいになるんだろう。

鉄はゴツイ、重い、錆(さ)びる、火を使い危険で製作が面倒くさいイメージがあるから一般に作家は腰が引けるしハードルが高いかもしれない。規模にもよるけれど、工具やアトリエも大がかりになるし。でも、金属はコツをつかむと自由自在に形を変えられるんです。固いけど柔らかいんです。大物から小物まで無限の可能性があります。

モノ作りの師匠と共同で購入した金属を自在に切断するプラズマカッターの話は前に述べたけれど、その夢のマシンと溶接機があれば基本どんなモノでも作れます。

そのワッタシの鉄の代表作品が青森県八戸市にあります。中心街に「八戸ポータルミュージアムはっち」という文化観光交流施設があって、その裏庭の駐車場に設置されている「舞☆オブ・ザ・タイガー」です。八戸には「虎舞」という獅子舞に似た縁起のいい郷土芸能があるけれど、それをモチーフに作ったんです。虎に頭を噛まれながら水を飲む虎舞水飲み場は市民に愛されています。

「舞☆オブ・ザ・タイガー」（八戸ポータルミュージアムはっち所蔵）

「猪ストーブ」

2010年に制作し収蔵されたから、もう14年前の作品です。

そもそも「はっち」開館にあたり市からデザイン、展示を依頼され招聘(しょうへい)された鬼才プロデューサー砂田光紀(こうき)氏との出会いがはじまりでした。

いままで金属を加工していろんなモノを作ってきたけれど、このような公共事業は初めてでした。しかもただのオブジェではなくて、ふだん市民が利用するもの。デザイン性はもちろん、機能性と安全性を考えなければなりません。ワッタシが一番苦手とするコンプライアンスってやつを求められました。なかなかのプレッシャーでした。

でも砂田氏のデザインは斬新でモノとしての温かみがある。虎舞をモデルにした愛嬌(あいきょう)のある顔がいい。完成してそれを使う子どもたちの笑顔が目に浮かんで、ぜひ作りましょうと即オファーを受けました。自慢じゃないけれど、このシゴトはふつうの鉄工所では無理だろうし、ワッタシじゃなきゃ作れないだろうと思ったんです。

まず段ボールで原寸のモデルを作りました。虎模様は黄色のガムテープを張り、それが完成したときは、やれる！　と思いました。そこからいよいよ鉄板を切っていく。鉄板はこれから先何十年、八戸市に残るモノだから、薪ストーブなどに使う5ミリのぶ厚いやつです。そして制作のキモは「象嵌(ぞうがん)（※1）」。日本刀の鍔(つば)などに用いられる技法です。今回のテーマは「伝統とアートの融合」だから。

真鍮(しんちゅう)を虎の縞(しま)模様にして、それを鉄のボディに埋め込むんだけれど、これが困難を極めました。鉄と真鍮は物理的溶接ではくっつかない性格なので、わざわざ縞の形に台座を作り、鉄と真鍮のすき間に鉄を溶かして1枚1枚埋めて固定していくのです。たぶん誰もやらない手間のかかる技法です。気の遠くなる作業でしたよ。でも自分で言い出したからしょうがない。

砂田氏のプランは大小虎２頭だったけど、どうせならさらにひとまわり大きい親の虎をもう１頭作ることにしました。もうこの時点で予算オーバーなんだけれど、砂田氏の熱意と心意気に押されました。なにより子どもたちの喜ぶ顔が見たかった。

虎の眼はガラス作家の阿部めぐみさんに特別オーダーしたもので、美しく迫力が出ました。歯はステンレス、頭の中は鉄の錆を防止して銅板を張りました。口の中の水飲み部分はアメリカ製のファウンテン（※２）を加工して取りつけました。オブジェに合わせて実用化させるのはかなり難しかったです。

オーダーから丸１年かけてようやく期限に間に合わせて納品したときはホッとしました。でもそれで終わりではない。象嵌の色を出すために鉄の錆が出るまで３ヶ月そのまま雨風にさらしておきました。赤茶気た錆色を身にまとって真鍮の金とのグラディーションが出て、これで虎模様になったところでクリア塗装をして錆止めしてようやく完成となりました。

鉄は錆びるし朽ちる。それは木も一緒。それがいい。人間の肉体もいつかは土に戻る。そして天へ舞い戻る。同じ物質、粒子の結合でできているからモノにも命が宿り生きている、といつも思っています。

苦心の末に生まれた鉄の虎は、子どもたちのはしゃぐ笑顔を見ながら、いまも大口を開けて吠(ほ)えているよ。

※１　象嵌……異質の素材同士を合わせてはめ込む工芸技法。飛鳥時代にシルクロード経由でシリアから日本に伝来。江戸時代には日本刀の外装、甲冑(かっちゅう)、鏡、根付、文箱(ふばこ)、重箱などに使われた。
※２　ファウンテン……水を噴出する装置

「鯨の看板」（高歯科医院）

「猫のドアノッカー」

「椅子」（川上愛子氏デザイン）

「鉄のヒデヨシ」（ますむらひろし氏所蔵）

「キビツミ」の外看板（うどん屋）

「SUGAR BASE」のストーブ

「威風DO-DO」の龍の看板（焼肉屋）

「BAR K's」の看板（バー）

## ツリーハウスで
## グッドデザイン賞⁉

「グッドデザイン賞（※1）」って聞いたこと、ありますか？　食器や家具に赤い「G」マークがついているのを見たことがあるかもしれないけれど、そのマークが選ばれた印なんです。毎年、その年の優れたデザインが、たくさんの応募の中から厳正な審査のもとに選ばれる歴史ある賞です。2020年、ワッタシの作ったツリーハウスはこの「グッドデザイン賞」を受賞しました。

千葉県市原（いちはら）市の山中にある動物園「ぞうの国（※2）」の中のサユリワールドにグランピング施設があります。グランピングはいまとてもブームで、全国のあらゆる所にレジャー施設として流行っているけれど、ツリーハウスがあって、しかもキリンを間近に見られて、自然と触れ合うことができる場所はここしかないでしょう。竹林の中にあるから「THE BAMBOO FOREST（バンブー フォレスト）」というんだけれど、この施設が受賞したんです。その中のツリーハウスがワッタシの作品です（施設の正式名称は「アニマルグランピング THE BAMBOO FOREST」です）。

ここに泊まると、朝はエサを食べるキリンと一緒にモーニングを食べられます。ツリーハウスの名前は「キリン庵」といいます。杉の大木を囲んだ2階建てのデッキを登ったところにある、キリンと同じ黄

色い塗り壁で、縞模様をイメージして天然石を貼った建物。屋根には角を２本生やしました。

部屋の中は６畳くらいの楕円形で、ベッドが２つ並んでいます。ロフトもついてはしごで登れるから子どもは秘密基地のように遊べる。そこの窓からキリンが見えます。ゆったり４人くらいは泊まれて大人気なんです。新型コロナが猛威を振るっていた頃もこのツリーハウスだけは予約でいっぱいだったそうで、まさに作家冥利につきます。

このツリーハウスを依頼してくれた不動産会社の社長青木直之さんはユニークで斬新な発想の持ち主で、都内はもちろん全国でつぎつぎとおもしろい企画を成功させている人です。青木さんがワッタシの地元の八戸に仕事できたときにはじめてお会いして、すぐにツリーハウスを気に入ってくれて、「今度動物園にグランピングを計画しているんだけれど、そこにツリーハウスを作ってもらえませんか？」と言われました。「はい、できますよ！」と、もちろんふたつ返事でこたえました。

実際の工事は竹林の中だったからいろいろ大変だったけれど、とにかく楽しかったです。

青木社長も社員を引き連れてやってきて、チェーンソーで竹を切ったり、壁を塗ったり、左官工事を手伝ってくれました。ぞうの国の坂本小百合園長も興味を持ってくれて、しょっちゅう見にきて励ましてくれました。特に、園の施設長の神房（じんぼう）重雄さんには土木工事をはじめ全面的に協力していただき、お世話になりました。

市原の冬は寒いから、朝、スタッフと焚火をして体を温めながらシゴト前のコーヒーを飲んでいると、ゾウ使いのタイの人たちやグランピング施設を作っている大工さんや電設工事の業者さんもワイワイと寄ってきて、いつの間にか仲良くなりました。

さらに「THE BAMBOO FOREST」は、日本のグッドデザイン賞と

左：「キリン庵」のファサード

「キリン庵」の内部

「キリン庵」のオリジナルランプ＆看板

同時に、イタリアはミラノの世界的デザイン賞の最高峰といわれる「A´ DESIGN AWARD（エー・ダッシュ・デザイン・アワード）」のシルバー賞も受賞したってんだからすごいことです。賞なんてなにも望んでいなかったけれど、そのツリーハウス部門に名前が正式にクレジットされたのは本当に嬉しいことでした。

ツリーハウスを体験してくれた人には心底喜んでもらいたい。ワクワクしてもらいたいから手を抜けません。今日も心を込めて一生懸命作ってますよ！

少し話が脱線しますが、ひとつだけ、ちょっと自慢させてください。

ワッタシが小学校１年生の頃に、リアルタイムで心ときめかせていたヒーローは初代仮面ライダーの藤岡弘、さんでしたが、なんと、その藤岡さんがテレビ番組のレポーターとして「THE BAMBOO FOREST」を訪れてくださり、お会いすることができたんです。「制作者の木村さんですね？」と気さくに声をかけてくださり、お話できた時間は、長いあいだ失敗と無駄を重ね苦労して続けてきたツリーハウス作りが祝福され、報われたような気がする、ワッタシの最高の宝物になりました。

※１　グッドデザイン賞……益財団法人日本デザイン振興会の主催で、毎年デザインが優れた物事に贈られる賞。日本で唯一の総合的デザイン評価・推奨の仕組み

※２　ぞうの国……市原ぞうの国は、千葉県市原市山小川にある動物園。アジアゾウ９頭、アフリカゾウ１頭、合計 10 頭のゾウが飼育されており、その数は国内最多。サテライトパークとしてサユリワールド、勝浦ぞうの楽園も運営しており、市原ぞうの国とサユリワールドの２園で「アニマルワンダーリゾウト」を構成している

# 犬を見るツリーハウス<br>～犬見庵

ワッタシのアトリエの裏山にはいろんな形の個性的なツリーハウスがありますが、カフェレストランの建物の後ろの「裏山」なので誰も気づかないんです。正に知る人ぞ知る秘密基地。

でも、それじゃちょっと寂しいからと、バイパスの国道沿いからも見えるツリーハウスを建てようということになりました。

いままで浜小屋型、カマクラ型、茶室、露天風呂……奇天烈なものばかり作ってきたので、今回はあえてシンプルで誰が見ても一目でツリーハウスとわかるタイプにしました。

八戸の冬は、雪は少ないけれどマイナス10度になるほど寒いんです。しかも太平洋側に面しているから、寒いというより体感としては痛いくらいです。その極寒の２月にそのツリーハウスを建てることにしました。

特にいままでのツリーハウスと異なるのは「木のない所」に木を持ってきて建てたことなんです。たまたま伐採してもらった栗の大木があったので、それを立ててホストツリーにしました。

デッキは２段とし、鉄と木で螺旋階段を作りました。

ハウスは地上約4．5メートルに設えました。山小屋風に屋根も三角形で赤い煙突が出ています。半畳くらいの小さなテラスもつけました。通りから見える面には可愛い丸窓を。

内装は３畳ほどで狭いんですが、白い珪藻土を塗って小さな小窓をたくさんつけて明るさを確保しました。オリジナルの小型の薪ストーブも作って設えました。冬は暖かく過ごせて快適なんです。ＩＨのレンジで湯を沸かしてコーヒーも淹れられます。

大人が４人も入ればいっぱいですが、なぜか会話がはずみます。はじめて訪れた人もみんな笑顔になるんです。

昔、千利休の茶室もあえて狭い空間でお茶を点て、お客をもてなしましたよね。同じコトを現代ツリーハウスという非日常空間で行えるわけなんです。

そして、このツリーハウスの一番の見どころは、テラスからの眺望なんです。

デッキの高さはハウスと同じく４.５メートル。人の目の高さをだいたい１.５メートルとすると、地上６メートルになるんですが、これはかなりの高さなんですよ。

そのテラスに立つとツリーハウスの横５メートル先に立っている６メートルの巨大な鉄のオブジェ「鉄犬」を眺められるように作りました。

この「鉄犬」は我が社 SLOW BASE のシンボルにもなっていますが、アトリエで飼っていた愛犬が交通事故で亡くなり、永遠の命を宿すようにと願って彼をモデルに鉄板で作ったものです。

20 センチ足らずの小さな燭台だったのですが、大の犬好きで詩人の明治大学教授、管啓次郎さんが 2014 年に立ち上げた「鉄犬ヘテロトピア文学賞（※）」の記念に 30 倍にスケールアップして制作したモニュメントなんです。

たいがいの人はびっくりして喜んでくれますね。鉄の犬を見られるから名づけて「犬見庵」です。

「犬見庵」（左奥）と6メートルの「鉄犬☆ヘテロ號」

※ 鉄犬ヘテロトピア文学賞……第１回（2014 年）から第７回（2020 年）まで 14 名の受賞者がいる。小さな場所、はずれた地点を根拠として書かれた作品であること、場違いな人々に対する温かいまなざしをもつ作品であることなどをテーマに選考。受賞者には木村勝一作の鉄犬トロフィーが正賞として渡された。選考委員：小野正嗣、温又柔、木村友祐、管啓次郎、高山明、田中庸介、林立騎、山内明美

「犬見庵」の内部

# カマクラ型の<br>ツリーハウス

アトリエのある敷地には、15年くらいかけて、全部で10棟ものツリーハウスを建てました。いまは傷んでしまって使えるのは４棟なんですが、最初に建てたツリーハウスは夏はとても快適、冬はとても寒かった。八戸の冬はマイナス10度くらいまで気温が下がりますからね。そこで２棟目はカマクラ型にしました。カマクラって東北の子どもなら誰しも作るもんです。ワッタシもよく友だちと雪だるまと一緒に作って遊びました。カマクラっていうのは人生最初の秘密基地かもしれません。

東北の冬は寒いし暗いし、大人になったいまは特にあまり好きではありません。昔よりは雪が少なくなったとはいえ、除雪は面倒くさいしつらい作業なんです。そしてワッタシはウインタースポーツよりカマクラ作りの方が好きな子どもでした。このカマクラ型ツリーハウスはその延長なんです。２棟目に作ったカマクラは下地は木材とベニヤ板なんですが、断熱材を入れて冬仕様にしました。そしてジョリパットという屋外で使用する防水の壁材を塗って、本当のカマクラのように仕上げました。ほんのり暖かく冬はコタツを１つ置くだけで大人４人ゆったりとくつろげます。

窓には円形のステンドグラスを作家仲間にオーダーして丸窓を散りばめました。森の木漏れ日が白い壁に反射してとても気持ちがいいん

海鮮ワイン酒場「IBIZA」店内のカマクラ

です。そのツリーハウスには漫画家のますむらひろしさんが訪れて２泊もしてくれました。まるでアントニ・ガウディの建てた建造物の室内にいるようだと、大変気に入ってくれたものです。

カマクラ好きなので、飲食店の中にも作りました。ワインとシーフードが美味しいワインバーなのですが、１つは青森の十和田市の本店で、もう１つは東京の渋谷にあります。若いカップルに評判だそうです。やっぱりみんなカマクラが好きなんですね（前ページ写真）。

そして一番大規模なのが、秋田県の由利本荘市にある「鳥海山木のおもちゃ館」にある「カマクラ☆ツリーハウス」です。

その「おもちゃ館」は、国の有形文化財にも指定されている立派な木造建築の小学校の廃校を利用して、由利本荘市が管理運営していますが、その小学校の講堂（体育館）の中に建てました。カマクラをツリーハウスにしたら、雪国の子どもたちはきっと喜んでくれるだろうと思いました。

カマクラの中には秋田犬型ストーブも棲んでおります（室内なので薪は使えませんが）。吊り橋もついているので、子どもたちは歓声をあげて渡っています。

ツリーハウスのデッキの下にはハンモックもぶら下がっていますから、よく親子で楽しんでいますね。

この施設は、ほかにもさまざまな木を使ったおもちゃやモニュメント、学びの部屋など「木育」のテーマパークで、県内外からたくさんの来客でにぎわっております。

そのなかでもひときわ存在感があるのが「カマクラ☆ツリーハウス」なんです。

皆さん、秋田方面に行ったときはぜひ一度そこも訪ねてみてください。そして童心に帰ってカマクラを楽しんでください！

「カマクラ☆ツリーハウス」（鳥海山木のおもちゃ館）

「カマクラ☆ツリーハウス」のファサード

「秋田犬ストーブ☆あいすけ」（左下）

# 太平洋が眺められる ツリーハウス

ワッタシがいま、プロのツリーハウスビルダーとして全国を飛びまわれるのは、ある認定こども園の学園長先生のおかげなんです。

その小澤本江（みきえ）先生がはじめてシゴトとしてツリーハウスを依頼してくださいました。

小澤先生は青森県内の幼児教育の第一人者で、ワッタシの母と同じ80歳を越えるご高齢ですが、いつも若々しく現役バリバリでご活躍されています。たまにお会いするとこちらがパワーをいただくんです。

ここのこども園がほかの幼稚園と違うのは、徹底した体験型学習だというところです。

三陸海岸の端っこの八戸の恵まれた大自然に子どもたちを触れさせ、心と体を育む教育方針ですから、ツリーハウスという、冒険型で少し危険を伴うけどワクワクする建物は、子どもたちの感性を磨くのに大変有効なのでは、と先生は考えてくださいました。

いまの親や教育界の風潮は、とにかく子どもを少しでも危ない場所には近づけない、絶対ケガをさせない、が主流ですね。

しかし、コンプライアンス偏重で、人間の生活の根本である「自然体験」を無視していくと大人になったときに大変危険なことになるのでは、とワッタシはつねづね思っておりました。

小澤先生は「自然との触れ合いのなかでは多少のケガやスリ傷から



右：「かもめのツリーハウス」

も学びがある」とのお考えですから、ワッタシと会ってすぐにツリーハウスを依頼してくれました。

その広い園庭には２本のケヤキの大木あります。園を見おろす小高いスロープの上に立っていて、横にはコンクリートのすべり台がある絶好のロケーションでした。さっそくそこに建てることにしました。

震災の後でしたので、津波を被って倒れた防風林のクロマツを利用しました。

ケヤキの大木を中心にして囲んだ２段状のデッキの上にハウスを作りました。子どもたちの楽しい遊び場です。

その屋根の上には展望台を。そこから太平洋が眺められます。園は鮫町(さめまち)の蕪島(かぶしま)という全国でもめずらしいウミネコの繁殖地の近所にあります。そこは天然記念物になっており八戸の観光スポットです。そこで「かもめのツリーハウス」と命名しました。

その後、木の成長とともに屋根が傷み、改修工事をしましたが、小澤先生をはじめ、園の皆さんは、プラスティックの遊具とは違う「生きている建造物」なのだということを理解してくださり、園のシンボルとして大切に使っていただいております。

そして先生は「かもめのツリーハウス」完成の翌年に、もう１棟依頼してくれました。子どもたちのために太平洋に面した森を整備して、森の中で自然体験ができる「冒険の森」になにか作れないかと。

そこで、空中散歩できるアスレチック型のツリーハウス「つりばし☆かもめランド」を作りました。

メインタワーや吊(つ)り橋にはアカシアという丈夫な木を用い、吊り橋のロープは船舶ロープの中で一番強いとされるヨットロープを使用しました。「コの字空中回廊」は約 20 メートルあります。

園児たちは週 2 回、園から徒歩で片道 40 分かけて「冒険の森」へ行き、自然と思い切りたわむれます。元気に歓声を上げ、ツリーハウスのベルを鳴らし、吊り橋を渡る姿を見ると、つくづく作ってよかったな〜と思います。

そしてワッタシをプロのツリーハウスビルダーに育ててくれた小澤学園長先生に、あらためて深く感謝するのです。

ウサギの彫刻と小澤本江先生と著者

「つりばし☆かもめランド」（かもめ幼稚園・冒険の森）

「かもめのツリーハウス」の巣箱

# 4
# 現在、そして
# これからのこと

## 関東の拠点は<br>ベンツが集まるツリーハウス

ツリーハウス作りのシゴトは、はっきり言ってそんなに多くはないんです。特に本州の端っこの青森県は、自然は豊かですが日本で1、2を競う所得の少ない県なんです。個人で無駄な建物にお金をかけるゆとりがない。そして人口が少ないせいか、テーマパークも少ないので、なおさらシゴトの依頼も少ない。20年近くやってきて、青森県でシゴトとしてツリーハウス作ったのはいまのところ3棟だけなんです。

それをいまさら嘆いてもしょうがありません。大好きなこのシゴトを一生続けていくと決めたんですから。

そこで縁あって、関東にツリーハウスのモデルハウスを建てることにしました。茨城県の坂東市というところです。東京から車で1時間という近さです。

そこのオーナー染谷善彦さんとの出会いは運命的でした。

染谷さんはたまたま坂東から八戸に仕事で出張中に、うちのツリーハウスの森に立ち寄ってくれたのです。キャンピングカーが趣味の染谷さんは世界各国、日本全国を旅していて、仕事もそれで移動する粋な人なので、初めてお会いして大いに意気投合しました。

キャンピングカーの中で淹れたてのコーヒーをごちそうになりながら、おたがいの夢を語り合ううちに染谷さんの自宅の敷地をＲＶパー



右：「G-HAUS」（RVパークSUGAR BASE）

G
HAUS

「G-HAUS」の勝手口と看板

ク（※）にしようということになりました。
　まずはモニュメントとしての風車を依頼してもらい、つぎはカフェの建物の上に宇宙探検車みたいな空中カフェを作って載せました。そしていよいよツリーハウスを建てようということに！
　八戸―坂東往復1400キロ、4トントラックに資材を満載にして5回通って作りました。
　作っている途中、染谷さんの関東のご友人がつぎつぎと訪れ仲良くなりました。
　そしてツリーハウスの下にはワッタシのベンツを置くことにしました。関東のシゴトの足なんです。分不相応な買い物と思いましたが、ツリーハウスは夢の建造物ですから、多少無理してもベンツのゲレンデ・ヴァーゲンという憧れの4WD車を中古で購入しました。
　その愛車をツリーハウスのデッキの下のガレージに入れました。ガレージの大型の木製の扉は電動ウインチで上がります。床は枕木を50本敷きつめ、オリジナルのストーブを設置しました。名づけて「G-HAUS」。「G」はゲレンデ、ジャーマンのG、「HAUS」はドイツ語でハウスの意味です。
　そのツリーハウスからはRVパークの900坪の美しい芝生が眺められます。ワッタシの作品の風車や宇宙船型カフェも一望できるんです。そのRVパーク「SUGAR BASE」には、週末になると関東はおろか全国からキャンピングカーやキャンプ好きの旅人がつぎつぎと訪れています。
　染谷さんと語り合った夢がどんどん現実となっていくさまをツリーハウスから見ているのは本当に幸せです。
　そうしたらなんと、類は友を呼ぶとは言いますが、ベンツ乗りたちがつぎつぎと集まってきました。同じ車種の方が2人。スポーツカータイプが1人。どれも時価〇千万円はする高級車なんですが、皆さん

「G-HAUS」の内部

とはやっぱりどうしても話が合うんですよ。とにかくその質実剛健な性能、ドイツのクラフトマンシップの象徴なんです。モノ作りの伝統とこだわりのノウハウが詰まった車なんですね。

ツリーハウスはすべて手作り。熱いクラフトマンシップがないと作れません。モノ作り大国日本は、利益やコストパフォーマンスを追いかけるあまり海外にその地位を奪われて、いま大変なことになっています。世界に誇る高い技術を持っている日本が再生するには、ドイツを見習い、基本に戻り、思考を変えて、オール・メイド・イン・ジャパンでいかなければと、ベンツ仲間とツリーハウスで語り合っております。

※ RVパーク……Recreational Vehicle Park.「Vehicle」は車両のこと。キャンピングカーで利用できるオートキャンプ場を指す。現在日本では、各地に400か所以上の施設がある

「SORA CAFE」

# ツリーハウスビルダーはアスリート⁉

2023年の冬、2月初旬にワッタシは病院のベッドに横たわっていました。アキレス腱（けん）の手術のためです。アキレス腱を切ったのはツリーハウスから落っこちたとか無茶な運動をしたとかいうわけではなくて、カラオケ店で大好きな吉川晃司の曲を熱唱し踊っていたとき、突然足首に力が入らなくなったのでした。東京の虎ノ門病院に救急搬送されて仮ギプスを巻き、地元の八戸に松葉杖で帰郷し入院となりました。我ながら本当に情けない。

そこの整形外科の朴鍾大（ぼくしょうだい）先生には大変お世話になりました。「最近は縫わずにギプスで治すのが主流ですよね」と尋ねたら、「お前の仕事や体形を考えたらそれはダメだ。それに、カラオケでケガするような落ち着きのないヤツは手術しなきゃいかん！」と。少しでも早く現場に戻るため、泣く泣くオペを受けることにしました。どんなサバイバルな環境でも寝られると自負していたけれど、手術の前日の夜はさすがに緊張のあまり一睡もできずに夜が明けました。

正味1時間の手術中は永遠に終わらないのではないかと思うほど長く感じられました。朴先生は「おっ、立派なアキレス腱だ。見事に切れている。まるで牛スジのようだ」なんて冗談まじりに話しかけてくる。「先生、どうでもいいから早く縫ってくださいよ！」。一緒にいる看護師さんたちも笑っていました。
アキレス腱の完治には最低でも半年かかるというけれど、通院しながら現場でシゴトをしていたからなのか、なんだかんだ丸１年はかかりました。
車椅子と松葉杖を使いながらリハビリへ通いました。チェーンソーで膝を切ったり、丸ノコで指を落としそうになったり、いままでもいろんな怪我をしたけれど、こんなに長くかかって不便なことはなく、気の遠くなるような荒行に思えました。

よく野球やサッカー選手が怪我をしてリハビリしている様子がテレビに出るけれど、自分も現場復帰のためにリハビリをして腹筋や背筋を鍛えました。ちょうど2023年はＷＢＣ（ワールドベースボールクラシック）の開催年だったので、吉田正尚選手が大活躍しているのを見て、怪我をした左足には「マサタカ」と名づけました。毎朝起きると声をかけながら足をマッサージ。「マサタカ、今日も頑張ろう！」と。吉田選手はプロ野球選手としては小兵ながら、度重なる故障を乗り越え、オリンピックのハンマー投げの金メダリストの室伏広治（こうじ）選手に特別レッスンを受けながら肉体改造をし、大谷翔平選手と共にＷＢＣを世界一に導いた立役者。大リーグでも活躍が楽しみな大ファンの選手なので、それにあやかりました。ちなみに右足は「ショーヘイ」と勝手に名づけました。

冗談はさておき、今回の大ケガでいろいろなことを学びました。
まず、なにをおいても安全第一、そして健康第一だということ。怪我のおかげで半年以上もシゴトが遅れて、依頼主や家族やスタッフに大迷惑をかけてしまいました。彫刻やツリーハウスはほとんど外注ができない。ワッタシが現場に立てないということはシゴトにならないということなのでした。これは会社としては致命的なこと。なにより自分の肉体を大切にしていつもシゴトできる体を維持することが大切なんだとあらためて考えました。

つぎに持続可能なシゴト作りとはなにかと考えることができました。ワッタシがいなくても会社がまわっていくようでなければいけないんですよね。

そしてシゴトへの感謝。作りかけの茨城県坂東市のツリーハウスの工事も、半年遅れて昨年（2023年）のクリスマスにようやく完成したんだけれど、足を引きずりながらでも現場に立てたときはうれしかったです。木に触れられることがとにかくありがたかった。この170センチ足らずのボディと頭をフルに使い、イメージ通りにでかい建造物や彫刻作品を作れる幸せ。自分にとって、こんな楽しくてやりがいのあるシゴトはないんだと、あらためて感謝の念を心に刻むことができました。

あらためて思います。ツリーハウスビルダーはアスリートなんだと。プロたる者、己の肉体は道具。いつ何時でもシゴトできる状態をつくることが大切なんだと。自分の体へ無理や過信は禁物。持続可能なシゴトをしないといけないんだと身をもって痛感しました。正に怪我の巧妙でした。

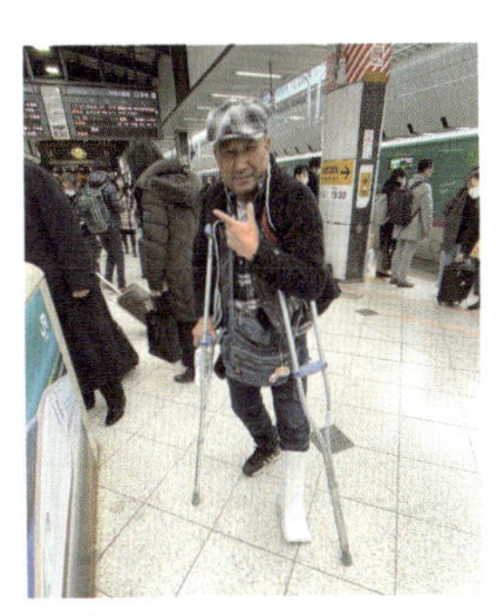

ギプス姿

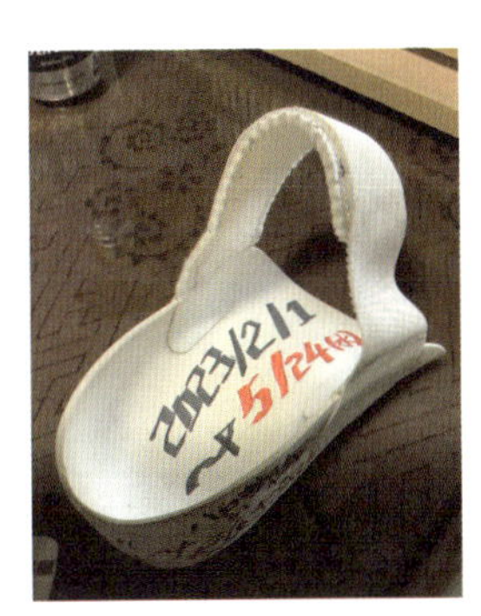


足底板

## 銀座に<br>ツリーハウスを

銀座に事務所を構えた2021年、まずインターネットで購入した自転車を部屋の中で組み立てました。「ターン」というメーカーの小径自転車はタイヤが小さくてエレベーターや部屋にも入るから、とても便利。大切な銀座の脚になりました。長年いろんなバイクを乗ってきたワッタシだけど、いい歳こいて自転車小僧になって嬉々として銀座界隈を走りまわっています。

八丁目の事務所は東銀座と新橋の駅の中間にあって、都内のどこに行くのも便がいい。自転車で片道30分。東京駅、赤坂、上野、築地にもひょいと行ける。激安量販店や24時間のスーパーも近い。なにより驚いたのは事務所のビルの隣に黒川紀章が設計した「中銀カプセルタワービル」があったことでした。

でも、2022年には老朽化のためとり壊されてしまいました。部屋のベランダから目の前で徐々に解体されて更地になる様子をながめていたんだけれど、なんとも空しかったです。世界中からファンが訪れる銀座のランドマーク、歴史的建造物が消えていくんだから……。

そこで決意したんです。未来型コンクリートのユニット秘密基地なき後、今度はワッタシがいつか銀座に木の上の秘密基地、夢のツリーハウスを建てるんだと。

そうしたら、せっかく銀座にいるんだから、まずはギャラリーでツリーハウスの展示をしてみようとイメージが湧いてきました。画廊を探して１丁目から８丁目まで自転車でぐるぐる見てまわりました。

いままで地元の八戸と青森の百貨店、東京は青山、京都のカフェ、ロンドンのギャラリーなんかで展示したことはあったけれど、日本一敷居の高い銀座の画廊は未知の領域に感じました。伝手(つて)がないと入れないと思い、知り合いの作家に聞いたら、なんと近所の８丁目にあるというではないですか。その「月光荘」は画材店が経営している老舗の画廊でした。重厚な赤レンガのファサードと味のある真鍮の看板はワッタシの大好きなテイスト。５階建てのビルの１階が画廊で、上の階は飲食店が入り、最上階はおしゃれなカフェになっている。そこでもいろんな作家の作品が壁一面に展示販売されていました。

このカフェでもいいなあと思って何度か通っているうちに１階の画廊で展示がはじまりました。初の銀座画廊に恐る恐る足を踏み入れてみたとき、そこで絵を展示していたのが画家の赤塚知子さんでした。彼女の描く万年筆画はとても美しくて、色鮮やかにヨーロッパや異国の風景、静物などを細密に表現していて、費やしたであろう膨大な時間と創作への情熱に圧倒されました。絵なんか買ったことがないワッタシもつい３点ほど購入してしまった。気さくでエネルギッシュな赤塚さんに自己紹介しているうちに意気投合して、次回はシェアをしてぜひここで展覧会をしようということに。50歳になってから絵の道を目指して武蔵野美術大学の通信教育に入学し、卒業してからも勢力的に描いて数々のコンクールで入選されている赤塚さんと、たまたまよいご縁があって銀座で展示ができるという幸運に感謝しました。まさに青天の霹靂(へきれき)でした。

コロナが明けたその年の冬、イギリスから親しい家族が久々に日本を訪れました。ふるいつき合いのデザイナーのシャラッタとは、2007年ロンドンで溶接のパフォーマンスと展示会をやったときに、会場のチョイス、機材調達、集客など、全面的に協力してもらい大変世話になったものです。高校生の娘のラックスも、母の才能を引き継いでユニークなイラストをたくさん描いている。親子で銀座の展示に参加したいということになりました。シャラッタの意匠でワッタシが家具を作り、ラックスの絵をそれにディスプレイする。赤塚さんは万年筆画などの絵画の新作を、ワッタシはツリーハウスの写真と鉄の彫刻作品を、その写真はすべて、大学時代のボクシング部の後輩で、東京で写真家として活躍しているフォトグラファー尾島敦に依頼しました。

2007年にイギリスでやった「london spark」にちなんで、今回の展示会は「GINZA SPARK」と名づけました。キャッチコピーは「～画家、ツリーハウスビルダー、デザイナー、写真家、日英気鋭の作家がGINZAに集結。表現の"火花"を散らす珠玉のcollection=1week～」。

今年の正月明けから8日間の展示に向け、年末年始はその仕込みの仕上げに追われました。メールでイギリスから送られてくるシャラッタの意匠を鉄と木を加工し物体にする。友情のコラボレーション作品も手を抜かず完成させました。八戸から銀座に向かう出発の日にギリギリ間に合わせ、それらを4トントラック満載にして自走し、単身月光荘へ。赤塚さんも大小の絵をタクシーいっぱいに積み込んで集合。まずメインタワーの高さ2.3メートルのミニツリーハウスを組み立てて即興でブースを決めディスプレイをはじめました。5人の作家のバランスがどうなるか少し不安だったけど、案外上手くいきました。「GINZA SPARK」はおかげさんで大盛況。なにより次のツリーハウスの企画が持ち上がったのが嬉しかったです。

「行ってらっしゃい アミーゴ！」 https://www.tomokoart.online/ instagram tomoko akatsuka
GINZA SPARK
月光荘画室 II
2024年1月7日(日)～1月13日(土) 11:00~18:30 14日(日) 11:00~15:00
赤塚 知子 木村 勝一
Charlotte Ashley-Cowan Lux Ashley-Cowan 尾島 敦
The Bamoo forest ツリーハウス「キリン庵」http://www.slowbase.net

CHARLOTTE
LUX
ASHLEY-COWAN
BY UK

徒手空拳、身のほど知らずで挑戦した今回の銀座画廊でのツリーハウスの展示は、さまざまなかたちでつぎなるシゴトに広がりを見せ大変意義があったと思います。そしてやっぱり、ツリーハウスは写真でも人を呼ぶんだとあらためて確信しました。

第１回「GINZA SPARK」は大成功。定期的に続けようと赤塚さんと固く約束しました。

さぁて、次回の展示がいまから楽しみです。

# 木のないところに<br>ツリーハウス？

　ふつうは、ツリーハウスって木の上に建てるもの。だからツリーハウスっていうんだけれど、いままで20年近く作ってきたその途中で、ある重大な問題にぶち当たりました。

　それは「ツリーハウスは時が経つと必ず壊れる」ということです。木が揺れるから？　デッキが雨ざらしだから？　東日本大震災の直後、世界中、日本中の友人からお見舞いの電話が殺到したものです。そして「ツリーハウスは大丈夫か？」と必ず聞かれました。

　リアス式海岸の北端の街青森県の八戸市にあるウチのアトリエの敷地の森には当時10棟ものツリーハウスが建っていましたが、みんなの心配をよそに地震の影響はまったくありませんでした。というのもツリーハウスはそもそもいつも木の上で揺れているんですよ。

　では、なぜ壊れるのか？　厳密には「壊れていくのか？」

　その答えと対策に10年はかかりました。

　ツリーハウスの建て方として、3通りの方法があります。

（1）木に直接ボルトを打ち込み特殊な金具を使用して建てるＧＬ工法。

（2）木を木材や金属ではさみ込み、その上にデッキを組むサンドイッチ工法。

（3）パプアニューギニアなどの熱帯雨林の先住民がいまだに樹上で生活している、釘（くぎ）やボルトを使用しない藁（わら）や縄などの天然素材で組んでいく工法。

木にボルトや釘を直接打ち込むＧＬ工法は簡単でいいけれど、木の成長や生育にいいとは思えないし、まず心が痛みます。人類は経済やエゴのためにさんざん自然を破壊してきました。ワッタシは「自然に学び共生するためのツリーハウス作り」と考えているので、ボルトを打ち込むなんてことは論外。とはいえ、天然素材だけで組み立てるのは耐久性に問題があるので止めることにして、ウチはサンドイッチ工法で建ててきました。

でも建ててから、１～３年はよいとして、その後壊れてくるのはなぜなのか？

それは木は太るし、上に伸びる、常に成長しているからなんだということに気づきました。

日本の住宅地や里山には、ツリーハウスに適した広葉樹の巨木などはめったにありません。だからスギやマツなどの針葉樹を何本か利用して作ることが多いけれど、木は成長するから、根太（ねだ）は壊れるしその上のデッキや建物は次第にゆがんでいくのです。だから、いくらメンテナンスをしても、５年か 10 年で傾いて無残な姿になるのです。

それではいけないと思い考え出したのが「木に触れない」「木と共生する」工法。つまり、木を取り囲むようにしてデッキを建ててから、その上に自由にハウスを作る。これなら木にまったく負担をかけないし、木の成長をさまたげないんです。だから建物やデッキは木の成長によって壊れることもない。

千葉県市原市に「ぞうの国」というぞうがたくさんいることで有名な動物園があります。そこの敷地のグランピング施設の「THE BAMBOO FOREST」内のツリーハウス「キリン庵」は、樹齢 70 ～ 80

年のスギの巨木をホストツリーにして作りました。木の成長をさまたげないようにその大木を取り囲む形にしてデッキを組みました。木が育っても建物が壊れないように配慮したので４年経ったいまもまったく問題なし（2020年完成）。この工法で建てるようになってからツリーハウスが壊れることはなくなりました。

そしてさらに考えたのが「木のない所にツリーハウス」です。ツリーハウスに憧れる人は多いけれど、適したホストツリーがないからたいがいの人はあきらめる。そこで木を、建てたい場所に持っていく、移動型ツリーハウスを考えました。木がないなら木を生やす、木を立てるんだという逆の発想。これはたぶん世界初の進化したツリーハウスです。

子どもたちが楽しむ姿を見たら親や身内も嬉しいし、ツリーハウスは日常の風景を楽しく変えてみんなをワクワク元気にする建物なんだから。

「木のない所にツリーハウス」は、これからいろんな可能性があると思います。

夢は無限に広がります。

G-HAUS普請中

「森のハウス」（だざいふ遊園地）

## 神戸にガメラのいる居酒屋を

ツリーハウスビルダーって、日本に何人いるんでしょう。それだけで食べていけたら本当に幸せなんですが、なにしろ特殊な物件ですから、年に何棟もオーダーがくるというわけではないんです。

でも、その技術や素材を生かした建物や店は何軒も手がけてきました。

たとえば、東京の町田市の郊外にユニークな集合住宅があるのですが、そこの広場に、住民の憩い場としてのツリーハウス風のウッドデッキとパーゴラ（※）を作りました。柱には枝のついた丸太を生やしてかわいい鳥の巣を。そのマンションの地下には住民が自由に使えるＤＩＹ工房があり、その一角に小さなカウンターバーも作りました。天然木をふんだんに使い、森の中のイメージにしました。

最近では、神戸市灘区に居酒屋を作りました。

そこはもともとリサイクルショップだった空間を利用して一杯飲み屋を営業していたのですが、一般客が入りづらく、常連しか来ないということで、経営難に陥っていたんです。そこを救済しようと常連の有志の方がスポンサーとなり、ワッタシにリニューアルのシゴトを依頼してくださったんです。

「居酒屋きらく」

「亀さん☆ガメラ」(居酒屋きらく)

マスターの亀井達哉(たつや)さんは関西人特有の明るく楽しいキャラクターと面倒見のよさで、商店街界隈の人気者。でも、気前がよすぎるのか、あまり商売には向いていないようでもあります。

そこでまず、そのマスターの顔に似せたガメラのオブジェをチェーンソーアートで彫刻しました。店の前を通る近所の子どもたちや観光客に人気で、よく写真を撮られています。

「木は人を呼ぶ効果がある」と経験上ワッタシは知っているので、青森から丸太をトラックに満載して神戸まで運び、櫓(やぐら)のように組み上げた外装にしました。そして青森ヒバの板を看板にして店のロゴを彫りました。ついでに、縁起のいいカメの背中に乗ったエビス様のオブジェ看板もサービスでつけました。カメの目は夜になると光ります。

外装を気に入っていただけたので、内装も全面改装することになりました。

カウンターには、アトリエに長年大切にストックしていたヒバとスギの幅広で厚い板を利用しました。お客はゆったり座れます。

キッチンも使いやすいように広くし、オリジナルのテーブルも作りました。

トイレと手洗いも、珪藻土(けいそうど)に近所のステンドグラス工房から分けてもらった色ガラスをはめ込み、楽しい意匠にしました。飲食店はトイレが大切ですから。

店内には外装で使ったカラマツの丸太を使って温かみと統一感を出しています。

ツリーハウスはとにかくワクワクする建物。お店もツリーハウス作りと同様、その場その場でアドリブを効かせてワクワクしてもらえるように作る、それがワッタシのモットーです。

八戸のアトリエから1300キロ離れた神戸。遠く離れた神戸の木のない商店街にツリーハウス風居酒屋を作りました。これからもツリーハウス作りと並行しながら、二刀流、三刀流で人を笑顔にする建物やモノを作っていきたいと思っています。

※ パーゴラ……つる性の植物を絡ませる棚のこと。「つる棚」「ふじ棚」ともいい、棚の下は日陰になるので日陰棚ともいう

「きらく」の看板

「京都二条ギャラリー・茶室アトリエ」

5
番外編

# モノ作りは<br>人生の先輩に学べ

ツリーハウス作りは体力勝負なので、常に体を鍛えるようにしていますが、最近は、認めたくないけれど確実に体力の衰えを感じています。

ところが、関西にワッタシより 10 歳くらい年上の、精力的に活躍している 3 人の「人生の大先輩」がいます。

1 人目は、神戸にいる歯科医師高康浩先生です。

10 年以上前に京都のカフェギャラリーで個展をしたときに、ワッタシの作品を気に入ってくださって以来の長いつき合いになります。

その後さまざまなシゴトをいただいていますが、先生が依頼されるシゴトは毎回ハードルが高く、「あなたの勉強になるでしょう」と言いながら、いままで作ったことのないモノや建築物に挑戦させられます。若い頃から芸術や芸能が好きな先生で、作家としてのワッタシをいつも育ててくれています。

さらに、テーマと金は出すけれど、作品にはケチをつけないというのが先生の流儀です。なので、基本的に自由にやらせてもらっています。

最近は、神戸、京都、滋賀のシゴトを同時進行しておりますが、京都の町家ギャラリーを作るにあたっては、京都市にある河井寛次郎記念館へ連れて行ってくださって、「こういう空間で」「床は朝鮮張りにしたい」と希望を出されました。そういったこだわりゆえか、それま

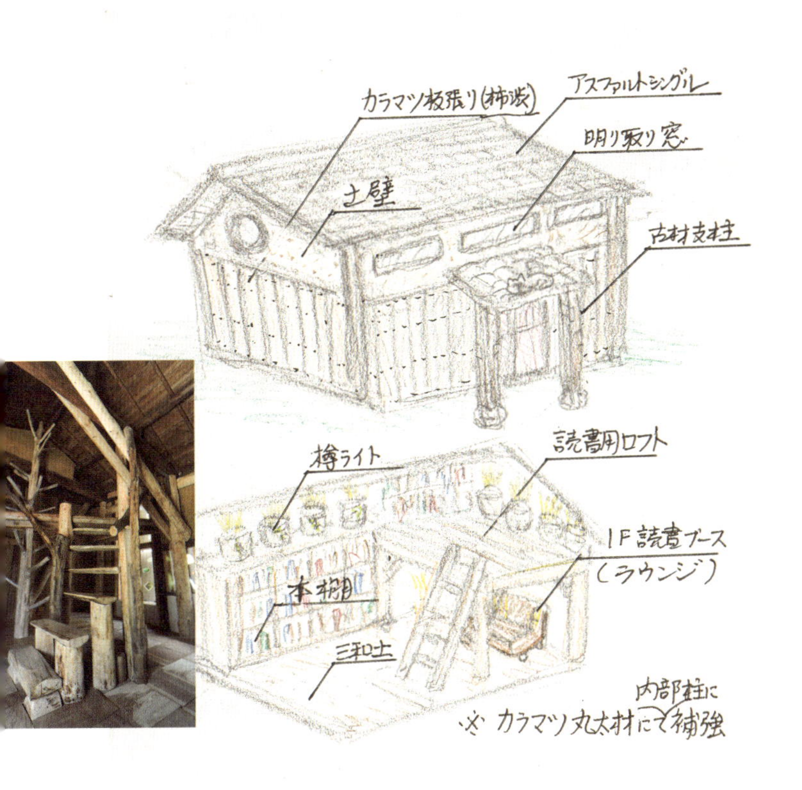


「注文の多い歯科医院・図書室」イメージ画　　左：「図書室」（2024年8月工事中）

でに一級建築士が２人もお手上げしていなくなったそうです。

ワッタシは幼少期から厳格な父親の教育を受け、得意な図画工作などもけなされたことはあってもほめられたことはなかったから、高先生のようにワッタシの個性や性格を理解して伸ばしてくださる存在に心から感謝しています。

また、活きたお金の使い方や経営者の心得も身をもって教えてくれます。なにより先生の心の底にあるのが弱者への慈愛の精神と社会貢献なので、個人的で小さくまとまりがちなワッタシの心を大きく広げてくれます。

先生は韓国の人だけれど、リスペクトの気持ちを込めて、ワッタシは「宇宙人」と呼んでいます。

２人目は京都の庭師で木工家の山本高司（たかし）さんです。

山本さんとも先ほどの京都のカフェギャラリーでお会いし、親しくなって、震災の津波を被って荒れ果てた自宅の庭を、京都の北山杉を運び込んで造り直してもらってから10年以上のつき合いになります。

京都の人とのつき合いは敷居が高いとよく言われますが、山本さんは11歳年下のワッタシを弟のようにかわいがってくれて、木のプロとして長年培ってきたあらゆることを惜しみなく教えてくれます。

京都という独特な伝統文化のなかで生まれ育ちながら、北区鷹峯（たかみね）という厳しい山の環境と向き合って生きている姿に、人間の豊かな生活の原点を見るような気がします。フィールドを活かし、山を切り拓き、大きなアトリエや石組みのガレージ、ピザ窯、スモークマシーンなどを独力で作っている山本さんの元へ訪れるたびに、その進化し増殖していくさまに大いにインスパイアされています。

山本さんは、若者や子どもたちに山や木の魅力を知ってほしいとワー

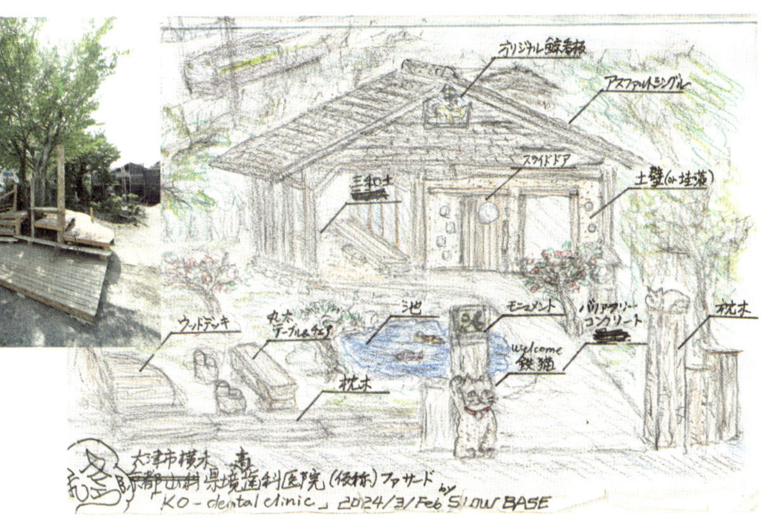

「注文の多い歯科医院」イメージ画　左：ウッドデッキ

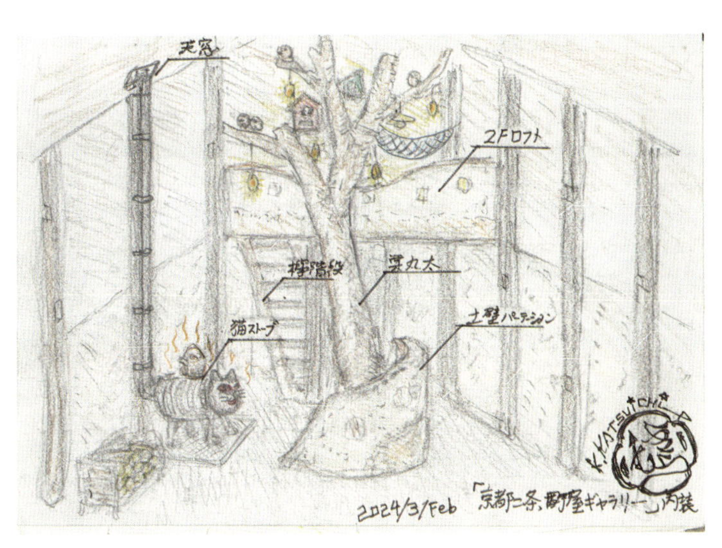

「京都二条ギャラリー」イメージ画

クショップや自然体験のボランティアを続けられています。その真摯な姿勢、寡黙ながらときおり発するユーモア、全国にファンがいるのもうなずけるのです。

そして３人目はワッタシの地元、八戸の南部電機社長塚原隆市さんです。

塚原さんは大きな会社を経営しつつ、コミュニティＦＭを立ち上げて運営したり、郷土伝統芸能や祭りの実行委員長や観光協会の会長をされたりと、数えたらキリがないほどたくさんの仕事を兼任されていました。

そして、作家やアーティストを盛り立てることをライフワークにされていて、なにかあると必ず身銭を切って応援してくださいましたが、今年（2024年）の５月に71歳の若さで急逝されました。悲しみはいまも深いままです。

塚原さんの経営理念は「変化こそ常道」。そして、「仕事と作業は違う」という塚原さんの言葉をワッタシはいつも心に留めています。

今年、八戸市美術館にツリーハウスを展示することになったのも、塚原さんの人脈とプロデュースのおかげです。

この世ではお会いできなくなったけれど、塚原さんの行動力と、優しく紳士的な態度、確固たる哲学は、いつまでもワッタシの心のなかで生き続けていくことでしょう。

この３人の人生の大先輩の存在と生きざまにふれることは、宝物のような時間であり、我がモノ作りの大いなる励みと指針なのです。

「フクロウのオブジェ」（南部電機）

## Mさんのこと

「かっちゃん、こんなの作れるかな～？」といつもひょんなタイミングで連絡をくれるのが俳優のMさんです（本人の希望でMさんと書くことをお許しください）。

前述した八戸の地域おこしのリーダー的存在だった故塚原隆市さんが、八戸にツリーハウスがたくさん建っているおもしろい場所があると、約20年前に連れてきてくれてひょっこりうちのアトリエに現れたのがMさんでした。

映画やテレビで見るエネルギッシュで少し危険なにおいのする二枚目、というイメージとは逆の、ほがらかで誰にでも気遣いをする礼儀正しい人だなぁというのが第一印象でした。そしてツリーハウスよりもワッタシの鉄の作品が気に入ったらしく、当時はアトリエの横のカフェに展示していたストーブやランプ、椅子などを、目を輝かせながら一点一点興味深げに触っているさまはまるで少年のようでした。

そして初対面でありながら気さくに自分の身の上話をするなかで「実は何年か前に俳優業を真剣にやめようかと思ったことがあって、そのときは、好きだった建築やインテリアを勉強し直そうと思ってた」と打ち明けてくれました。

その後東京のMさんの自宅を訪ねた際には、ヨーロッパ暮らしが長かったせいもあり、トルコやモロッコで購入したシャンデリアや間接

鉄と木のサイドテーブル

鉄のフックと犬

鉄筋ラック

アフリカの椅子

照明に大きなアンティークテーブルなどのプリミティブな家具が所狭しと設えられており、そのこだわりには驚きました。職人が鍛造で作った鉄製のインテリアがたくさんあって、そのなかにワッタシの作品が大切に並べられてあり、嬉しかったです。Ｍさん流の独特な感性は、いつも鉄や古材や堅木を素材として彫刻しているワッタシにさらなるインスピレーションを与えてくれています。

そして、若い頃から俳優として第一線で活躍してきたＭさんは、素人に毛が生えたようなワッタシの舞台も観にきてくれたこともありました。打ち上げの席で恐る恐る感想を聞くと、「チャンバラのシーンがはじまる前はちゃんと見得を切ってからね。それ以外は無し！」ときっぱり助言してくれました。厳しさと優しさを同時に具体的に言葉にしてくれたんだと痛感しました。後日、「かっちゃんは群れてはいけないんだよ。一人でやる方が似合っているよ。僕もそうだから」とも言ってくれました。

長年つき合って、ワッタシの性格を見抜いているからこその助言の通り、いま、そのように一人の彫刻家としてモノ作りをしています。また、それがいちばん性に合っていると思っています。

東北の片田舎のツリーハウスを舞台にした、弟・木村友祐の小説を読み、それを映画化したらという企画を立ち上げ、何度も手弁当で八戸に東京から足を運んでくれたこともあるＭさんは、好きなことをするには妥協しちゃいけないと、いつも行動と態度で示してくれます。ときに中途半端に投げ出してしまうワッタシを叱咤してくれる敬愛する兄貴分でもあります。

これからもＭさんは刺激的でやりがいのあるシゴトのリクエストをしてくれるでしょう。その研ぎ澄まされた美意識、オンリーワンの世界を創るＭさんの背中を見ながら、その生きざまに影響されながら、ワッタシは今日もコツコツとモノ作りに励むのです。

# おわりに

このシゴトをするようになってから、よく思い出すのが小学生の頃のある夏の日のこと。「ガベトリ山」の秘密基地のことです。

麦わら帽子姿のヤンチャ坊主のワッタシ、木村少年は、仲間を引き連れ「ガベトリ山」の森をめざしました。子どもの足で片道1時間はかかるその森にはカブトムシやクワガタがいて、ザリガニやウシガエルが棲(す)む小さな沼がありました。

なにより楽しみだったのは、その森にあった縄文時代の遺跡から、当時はヤジリや土器のかけらが取り放題だったことです。クワやスグリなどの木の実をたくさん採っては湧き水で洗って食べました。そこに仲間と「基地」と呼んだ小さな掘っ立て小屋を建てたんです。

小屋といっても、道端で拾い集めた木の枝やビニール、ブルーシートの切れ端を利用したお粗末なものです。でも自然に笑みがこぼれて、無限にニッタリしながら作るその「基地」こそ、夢が広がる隠れ家、子ども版セルフビルドのセカンドハウスでした。そこに拾ったヤジリやメンコやピストルなんかのおもちゃを各自持ち寄って隠すんです。

その宝物を確認するためワクワクしながらつぎに行く頃には雨や風でほとんどつぶれてしまって、見るも無残なことになっているんですけれどね。それでも、そのときの記憶はいまも鮮明です。

そんな童心を心に持ち続けてこのシゴトを続けて、気がついたら20年が経っていました。ほんとうに幸せなことです。

地元青森県でスタートして、東北、関東、関西、九州とシゴトの場は広がり、今度は海外の仲間がいるフランス、イギリス、ニュージーランドにもツリーハウスを建てようと計画しています。

そんななか、最近事務所のある銀座の神輿祭に参加する機会に恵まれました。

大都会にもしっかり生き続ける伝統と下町の人情。祭りの心意気を肌で感じました。こんなにもデジタル化、効率と経済優先のご時世に、重い神輿を担ぐアナログで素敵な連中がいる。「古き良き日本」がここにあると大変感動しました！

そういうワッタシも地元の神社の祭りのボランティアの会長を長年務めています。今回銀座の素晴らしい地元意識とローカリズムを目の当たりにし、薄れつつある田舎のローカリズムを見直し、さらに進化、深化させようと、地元の神社の境内の木にツリーハウスを作り、地域住民の憩いの場にして、神輿も作って、祭りをさらに盛り上げようと、考えているところです。

また、美術館や大学にツリーハウスを建てようという企画も進行中です。震災のときに制作し、活動したツリーハウスのことです。

いつの間にかシゴトになったツリーハウスですが、齢60を前にして、ワッタシは50年前のあの夏の日の「基地作り」の少年の気持ちにますます戻っております。

またそれが、ワッタシというツリーハウスビルダーの原点であり、本来の姿なんだと思います。

どうぞ皆さん、いつか一度ツリーハウスを訪ねてみてください。

皆さんの胸の内に眠る少年少女の心がワクワク刺激されるはずです。もしかしたら、木の上で麦わら帽子をかぶってニッタリ笑っている少年の頃のワッタシに出会うかもしれませんよ。

さいごに、ワッタシにとって初めてとなるツリーハウスの本を世に著わすというとてつもない妄想を実現するにあたり、編集の天野みかさんとのミラクルなご縁があり、無理を承知で依頼したところ、そのセコンド役を快諾していただいたことは、大げさではなく我が人生の一大転機でした。

また、ブックデザインをしてくださったデザイナーの伊勢功治さんには、そのみずみずしい感性とたしかなキャリアでワッタシの作品と本の純度を個性的に高めていただきました。

おふたりの存在がなければ到底かなわぬ、見果てぬ夢でした。身に余る光栄で感無量です。あらためて心より深く感謝申し上げます。

彫刻家・ツリーハウスビルダー
木村勝一

多賀台保育園の看板

# 見果てぬ夢を追う者

木村友祐

そこに木がある。その木肌にふれる。木によじ登る。木の下に隠れ家を作る。そんなことをしたのは小学生までだったろうか。

その頃は、木があれば、何かの遊び場になるかもと想像してうれしくなった。それがいつの間にか、木を見ても、ただそこに立っているものとして意識にとめなくなった。木と自分はほとんど関わりがないものとなっていた。

かつての木との関わりを思いだしたのは、兄の勝一が地元の仲間たちとツリーハウスを作るようになってからである。

最初にできた浜小屋風ツリーハウスのデッキに立って周囲を眺めたとき、それまで使い道のないただの森だと思っていたのが、なんだかたくさんの可能性を秘めた遊び場に見えてきた。が、次の瞬間、体の芯がピリリと引き締まる。そのデッキは地上３メートルほどだろうか、手すりはあっても、うっかりすれば落ちてしまうと焦った。自分で気をつけるしかないのだという危機に対する体の本能が呼び覚まされた感じ。不思議と命が活性化する気がした。久しぶりだった。生きることに必要なその感覚さえも、ずっと忘れていたのだ。

ツリーハウスの中に入ると、デッキとつながった木が、風に揺れるのに合わせて「ギ、ギギ……」と軋(きし)む音が聞こえた。生きた木とともに自分も揺れていると思う。細切れの人間の時間が、ゆったり流れる木の時間のほうに移行するのが感じられた。心地よかった。

東京で暮らしていたぼくには、勝一がツリーハウスを作ったことは唐突なことに思えた。「よぐやるなぁ」となかば呆(あき)れていたかもしれない。兄弟でも好みや表現の仕方が全然ちがうので、ちんまりと常識と理性にとらわれたぼくからすると、勝一がしでかすことは、いつも想像の枠を超えていた。

本書に掲載されている、勝一がこれまで作ってきた作品群を見ていて楽しくなるのは、枠にはまらないモノ作りの自由さを感じるからだ。豪快でありながら、細部に繊細な遊びがあって、おしゃれでもある。手でモノに触り、モノそれぞれの個性を感じ、それを生かしつつ手を加え、思い描いたモノを作る。独学で身につけていった創作についての勝一の語りに、ルールにがんじがらめにされて呼吸が浅い現代人になる以前の、ヒトとしての生きる喜びがあると気づかされる。そうだ、遊ぶってこういうことだよな、とも。

東京で暮らしながら、アルバイトをしながら小説を書いていたぼくを、勝一はいつも応援してくれた。いつまでも芽がでないのに、「だいじょぶだ。友祐は、いづが賞とれる」と鼓舞しつづけた。そして、ツリーハウスの周りに集まる人々の人間模様を聞かせてくれ、その小説を書けばいいと勧めた。

その話はおもしろいゆえに、エンタメ向きのような気がしたが、あるとき、中央（東京）よりも下に見られている地方にもたしかに流れている時間があり、喜怒哀楽がある、それを書けるのではと思った。地元の方言をそのまま使ってツリーハウスが舞台の小説「海猫ツリーハウス」を書いたら、それがぼくのデビュー作になった。勝一が常識や固定観念の枠を超えたからこそ生まれた世界が、ぼくの作品を押し上げてくれたのだと思う。

勝一は若い頃、ミュージカル『ラ・マンチャの男』が大好きで、その話をよくしていた。思えば今や勝一自身が、作中の「ドン・キホーテ・デ・ラ・マンチャ」のように「見果てぬ夢」を追い続け、挫折も空回りも乗り越えて突破していく人となっていた。

木村友祐（きむら・ゆうすけ）

1970年生まれ。小説家。愛猫家。2009年、郷里の方言を取り入れた『海猫ツリーハウス』（集英社）で第33回すばる文学賞を受賞し、デビュー。著書に『聖地Cs』（新潮社）、『イサの氾濫』（未來社）、『野良ビトたちの燃え上がる肖像』（新潮社）、『幼な子の聖戦』（集英社／第162回芥川賞候補）、「聖地Cs」と「イサの氾濫」の英訳版『Sacred Cesium Ground and Isa's Deluge』（ダグ・スレイメイカー訳、コロンビア大学出版）など。

#01

青森 十和田
Aomori Towada
45
八戸グリーン
ハイテクランド
Hachinohe Green
High-Tech Land
29
300m

【著者略歴】

木村勝一（きむら・かついち）

1964年青森県八戸市生まれ。株式会社SLOW BASE代表取締役。幼少期より図画工作が得意であったが、八戸北高校にて演劇の道へ進む。法政大学夜間部に進学し、肉体労働やサラリーマン生活のかたわら、ボクサー、役者などを経験後、帰郷。海外公演の資金作りのためにハンドクラフトをはじめる。2005年、セルフビルドでアトリエを建築。同時に独学でツリーハウス作りをはじめる。2020年、千葉県市原市のグランピング施設内に建てた「キリン庵」でツリーハウスでは日本初のグッドデザイン賞を受賞。2023年、茨城県坂東市に「木のない所にツリーハウス」モデルルーム「G-HAUS」を建設。ツリーハウスビルダー・鉄の彫刻家として海外、日本全国で活躍中。　http://slowbase.net/

写真撮影

p.25……大西 哲

p.37（上）,55,92-93,127……川口明夫

p.114-115……オフィスフィールドノート

上記以外……尾島 敦

協力

（株）SANKIワールドワイド、THE BAMBOO FOREST、鳥海山木のおもちゃ館、オフィスフィールドノート、認定こども園 かもめ幼稚園、認定こども園 浜市川保育園、認定こども園 多賀台保育園、RVパークSUGAR BASE、南部電機（株）、高歯科医院、府川直樹、大久保愛

**我がシゴト、ツリーハウスビルダー**

2024年9月28日　初版第1刷発行

著　者　木村勝一

発行者　竹村正治

発行所　株式会社 かもがわ出版

〒602-8119　京都市上京区堀川通出水西入

TEL 075-432-2868　FAX 075-432-2869

振替　01010-5-12436

https://www.kamogawa.co.jp

印刷所　シナノ書籍印刷株式会社

ISBN978-4-7803-1338-3　C0095　Printed in Japan

IBIZA
W.C
堅木額縁
ステンレス天板
(調理台リフォーム)
1200
1360
鎚銅扉
土壁(クラックル仕上げ)
和洋コラボの空間
壁～土壁クラック＝和風
建具、ランプ等～メタリック＝洋風
「海鮮ワイン酒場IBIZA」
トイレ扉(鉄製)&手洗カウンター
ALL
堅木(アカシア)使用
垂木60mm厚
欄間
支柱
3寸5分角材
鉄猫
基礎石＋天然岩
タフウッドステイン仕上げ
(防腐塗料)
※ビニーのれ
チーク
H2320mm